Erich Maria Remarque Jahrbuch / Yearbook

XXI / 2011

Herausgegeben von Thomas F. Schneider
im Auftrag des Erich Maria Remarque-Friedenszentrums

Carl-Heinrich Bösling / Lioba Meyer /
Angelika Schlößer / Thomas F. Schneider (Hg.)

Krieg beginnt in den Köpfen

Literatur und politisches Bewusstsein

Mit 9 Abbildungen

V&R unipress

Universitätsverlag Osnabrück

UNIVERSITÄT OSNABRÜCK

Bibliografische Information der Deutschen Nationalbibliothek

Die Deutsche Nationalbibliothek verzeichnet diese Publikation in der Deutschen
Nationalbibliografie; detaillierte bibliografische Daten sind im Internet über
http://dnb.d-nb.de abrufbar.

ISSN 0940-9181
ISBN 978-3-89971-854-6

**Veröffentlichungen des Universitätsverlags Osnabrück
erscheinen im Verlag V&R unipress GmbH.**

Titelbild: Jens Raddatz, Heldentod WK I, Siebdruck auf Stahlplatte, 2009. © Jens Raddatz, 2009
Abbildungen im Band: Barbara Hlali, aus der Serie one shock every day. © Barbara Hlali, 2009
Redaktion: Angelika Schlößer und Thomas F. Schneider
Satz: Thomas F. Schneider
Druck und Bindung: CPI Buch Bücher.de GmbH, Birkach

Gedruckt auf alterungsbeständigem Papier.

Inhalt

Lioba Meyer, Carl-Heinrich Bösling

»Krieg beginnt in den Köpfen«
Literatur und politisches Bewusstsein
Einführung

Kann Kunst, kann Literatur die Welt verändern, kann sie gar Kriege verhindern? So einfach lässt sich die Frage nicht stellen. Wohl aber lässt sich fragen, wie Bewusstsein geprägt und ausgebildet wird, jenes Bewusstsein, dass schließlich das menschliche Handeln bestimmt.

Und so ging die Tagung »Krieg beginnt in den Köpfen« in Osnabrück vom 19. bis 21. November 2010 der Frage nach, inwieweit Literatur das politische Bewusstsein von Menschen beeinflussen kann. Drei Tage mit Literaturvorstellungen, Film- und Kunstpräsentationen und Schülerprojekten und vor allem intensiven Diskussionen prägten die Tagung im November 2010, veranstaltet von der Erich Maria Remarque-Gesellschaft und der Volkshochschule Osnabrück. Es sollte kein beschaulicher, der Aktualität abgewandter Diskurs werden über literarische Werke, die zum Teil selbst schon ein Teil Literaturgeschichte oder politische Geschichte geworden sind. Im Gegenteil, gerade Bezüge wie der Krieg in Jugoslawien, der Genozid in Ruanda oder auch die Auseinandersetzung mit dem Islam gaben der Veranstaltung eine aktuelle Prägung.

Gerade angesichts der in letzter Zeit wieder aufgekommen Debatte in Deutschland, doch endlich einen Schlussstrich zu ziehen in der Auseinandersetzung mit der NS-Geschichte, spielte deutsche Vergangenheit und die aus ihr erwachsende Verantwortung für die Verhinderung von Gewalt, Krieg und Diktatur eine herausgehobene Rolle in vielen der Beiträge. Wenn auch der britische Historiker Timothy Garton Ash den Deutschen attestiert, den »Gold-Standard« in der Geschichtsaufarbeitung und Vergangenheitsbewältigung zu repräsentieren und ironisch anmerkt, dass hier international ein neuer DIN-Standard im Umgang mit der eigenen Vergangenheit geschaffen wurde (*Guardian*, 16.02.2011), so kommt dem Wachhalten von individuellen und kollektiven Erinnerungen, und hier kommt der Literatur eine besondere Rolle zu, eine große Bedeutung zu. Mit dem Verlust der letzten Zeitzeugen, der Kriegsgeneration, der ehemaligen KZ-Häftlinge, der Holocaust-Überlebenden stellt sich die Frage der Vermittlung von Geschichte und unserer Erinnerungskultur in neuer Schärfe.

Was kann und sollte Literatur hier leisten? Henri Barbusse, dessen Kriegstagebuch *Le Feu* von 1916 als Vorläufer des Antikriegsromans *Im Westen nichts Neues* von Erich Maria Remarque gilt, hat zu dieser Frage eindeutig Stellung bezogen, wenn er fordert: »Man muss den Geist des Krieges in den Köpfen töten.« Und die Soldaten seines Romans kommen zu dem Schluss: »Erst wenn der Geist des Krieges getötet ist, wird es keinen Krieg mehr geben.«

Es ist u. a. die eigene, ganz persönliche Erfahrung mit Literatur, die Thema der Beiträge dieses Bandes ist: Der Roman, das Gedicht, das Theaterstück, eben das, was in der Biographie von Menschen kritisches Nachdenken, Abscheu und Ablehnung von Krieg und Gewalt ausgelöst hat. Dabei wird auch Antikriegsliteratur selbst durchaus einer kritischen Prüfung unterzogen. Sie muss sich fragen lassen, ob sie gegen ihre erklärte Absicht auch Kriege und Gewalt verherrlichen kann.

Selbst in Erich Maria Remarques großem Antikriegsroman *Im Westen nichts Neues* glaubt Dr. Hartmut Höfer, ehemaliger Dozent für Literaturwissenschaft an der Universität Osnabrück und einer der Referenten der Tagung, Elemente entdeckt zu haben, in denen er eine »Faszination, Hingerissenheit, Ästhetisierung und Erotisierung männlicher Kriegsverfallenheit« ganz im Sinne Ernst Jüngers zu erkennen meint. Sein Vortrag beschäftigt sich mit der Frage nach der Entstehung von Gewalt und Krieg in den Köpfen der Dichter am Beispiel von Hermann Hesse. Er fragt, ob nicht auch Dichter wie Hesse in den Zeiten der Kriegsvorbereitung und der Durchführung des Krieges in seinen Sog geraten und »sie sich in ihren Köpfen einen Reim auf ihn« machen – »inneres Erlebnis, [...] er sei der Vater aller Dinge.«

Der Frage, ob Literatur in ihren unterschiedlichen Formen von Roman über Theater und Comic bis zum Kurzfilm im Friedensprozess und in der Bewusstseinsbildung überhaupt eine Chance hat, geht die Tagung nach.

Dieses ist auch bei Erich Maria Remarque eine immer wiederkehrende Frage. In seinem Roman *Im Westen nichts Neues* lässt er den Protagonisten Paul Bäumer verzweifelt fragen: »Wie sinnlos ist alles, was je geschrieben, getan, gedacht wurde, wenn so etwas möglich ist. Es muss alles gelogen und belanglos sein, wenn die Kultur von Jahrtausenden nicht einmal verhindern konnte, dass diese Ströme von Blut fließen.«

Diese Unsicherheit, Verzweiflung und Hilflosigkeit findet sich auch in Remarques zweitem Roman zum Ersten Weltkrieg *Der Weg zurück*, in dem sich der junge Lehrer angesichts der »großen Augen« der Kinder fragt:

Was soll ich euch denn lehren? [...] Soll ich euch erzählen, dass alle Bildung, alle
Kultur und alle Wissenschaft nichts ist als grauenhafter Hohn, solange sich Menschen noch mit Gas, Eisen, Pulver und Feuer im Namen Gottes und der Menschheit bekriegen? (*Der Weg zurück.* Köln: Kiepenheuer& Witsch, 2007, 230f.)

Angesichts dieser kritischen Positionen wollen die Beiträge dieses Bandes untersuchen, ob Gewaltphantasien und Hassbilder Kriege auslösen und nähren
können. Sie will aber auch die Frage stellen, inwieweit es Literatur in ihren
unterschiedlichen Facetten möglich ist, Feind- und Hassbilder zu hinterfragen,
Modelle von friedlichem Zusammenleben zu entwerfen und Bewusstsein für
globale Probleme zu schaffen.

Will Antikriegsliteratur doch Möglichkeiten der Identifikation bieten, indem
sie an Beispielen vorführt, wie Krieg die individuelle Biographie von Menschen
formt und beeinflusst, und alternative Modelle zu Gewalt und Krieg entwerfen:
Von der Achtung der Menschenwürde und der Menschenrechte über die gerech-
te Verteilung der Ressourcen bis hin zu alternativen Lösungen von Konflikten im
persönlichen wie gesellschaftlichen Bereich.

Und es geht immer wieder um die Frage, ob Krieg in den Köpfen entsteht.
Hier reicht das Spektrum der Aussagen von der klaren Feststellung, dass Literatur hier weit überschätzt werde, bis hin zu der Aussage von Mira Beham, deren
Buch *Kriegstrommeln – Medien, Krieg und Politik* Thema des Beitrags von Todor
Todorovic, Bandleader der international bekannten Blues Company, ist: »Hass
erzeugt Krieg, Krieg erzeugt noch mehr Hass. Einen großen Anteil daran haben
die Medien.«

Die Referentinnen und Referenten unserer Tagung und dieses Bandes kamen
aus unterschiedlichen Bereichen: Der Literaturwissenschaft, der Gesellschafts-
wissenschaft und der Theologie, aus dem Bereich der Schule, des Journalismus,
dem Sport und der Kunst wie der Musik, dem Schauspiel und dem Film.

Das Spektrum der Themen, die die Vorträge dieser Tagung berührten, ist
groß. Es ist geprägt von dem individuellen Zugang der Referentinnen und Referenten zu dem Thema. Es stellt sehr unterschiedliche Autorinnen und Autoren
vor mit sehr verschiedenen Ansätzen.

Es geht um Dietrich Bonhoeffer und Philip Roth, um Alexander Moritz Frey
und Winfried Sebald, um Jaques Rivière und Gil Courtemanche, um Erich Maria
Remarque und Mira Beham, um Hermann Hesse und Bertha von Suttner. Und
es geht um Wahrnehmung von Krieg und Gewalt im experimentellen Film und
im Sport.

Die Kriegsschauplätze sind unterschiedlich. Es geht um den Ersten und den
Zweiten Weltkrieg, um den Krieg in Vietnam, in Ruanda und im ehemaligen
Jugoslawien. Und es geht um aktuelle Schauplätze von Gewalt.

In einem Interview von 1946 formuliert Erich Maria Remarque die Aufgabe von Literatur angesichts einer Welt, die durch den Faschismus und den Zweiten Weltkrieg in ihren Grundfesten erschüttert ist, so:

> Man muss an die Zukunft glauben, an eine bessere Zukunft. Die Welt will Frieden.
> Trotz gewisser Politiker. Und die Welt will wieder Dinge haben, an die sie glauben
> kann. Hier liegt die Aufgabe des Zeitschriftstellers. Sie zu finden, sie darzustellen.
> (Erich Maria Remarque. *Ein militanter Pazifist*. Köln: Kiepenheuer& Witsch, 1994,
> 90).

Die Beiträge dieses Bandes sind ein intensiver Diskurs zur Aussage der UNO-Charta von 1948 »Krieg beginnt in den Köpfen«, in dem die Autorinnen und Autoren ihre Thesen und Erfahrungen darstellen. Sie sind ein öffentliches Forum für die Auseinandersetzung mit dem Beitrag von Literatur zum politischen Bewusstsein.

Die Tagung »Krieg beginnt in den Köpfen. Literatur und politisches Bewusstsein« wurde veranstaltet von der Erich Maria Remarque-Gesellschaft und der Volkshochschule der Stadt Osnabrück. Besonderer Dank gilt den Unterstützern und Sponsoren: Sparkasse Osnabrück, Stiftung Stahlwerk Georgsmarienhütte, Theater Osnabrück, Theaterverein Osnabrück, Literaturbüro Westniedersachsen und der Buchhandlung Zur Heide.

WOLFGANG BENZ

Bertha von Suttner: *Die Waffen nieder*

Im 19. Jahrhundert haben vor allem zwei Romane international über das literarische Publikum hinaus gewirkt: Harriet Beecher-Stowes gegen die Sklaverei geschriebenes Buch *Onkel Toms Hütte* (1852) und der Baronin Bertha von Suttners Tendenzroman *Die Waffen nieder!*.

Als belletristische Leistung wäre die 1889 erschienene »Lebensgeschichte« einer Frau, deren Geschick mit den zeitgenössischen Kriegen von 1859, 1864, 1866 und 1870/71 verknüpft ist, die zwei Ehemänner und einen Sohn verliert, zu Recht vergessen. Zwanzig Jahre nach Tolstois *Krieg und Frieden* als Kolportageroman verfasst, lehnten das Manuskript zum Erstaunen der Autorin alle die Zeitschriften- und Zeitungsredaktionen ab, die immer wieder Beiträge bei ihr bestellt hatten. Große Kreise der Leser würden sich durch den Inhalt verletzt fühlen, schrieben die einen; es sei ganz ausgeschlossen, diesen Roman in einem modernen Militärstaat zu veröffentlichen, antworteten die anderen. Bertha von Suttner sandte das Manuskript schließlich ihrem Verleger Pierson in Dresden. Der zögerte lange, empfahl dann, »das Manuskript einem erfahrenen Staatsmann zur Durchsicht [zu] geben mit der Bitte, alles zu streichen, was Anstoß geben könnte«. Dann – als die Autorin ob dieser Zumutung entrüstet aufschrie – bat er, wenigstens den Titel zu ändern. Auch das lehnte die Baronin ab. Es begann statt dessen der Siegeszug des Buches, von dem 1914, als der Erste Weltkrieg ausbrach, bereits über 200.000 Exemplare der deutschen Ausgabe verkauft waren. Im Jahre 1917 erlebte es die vierzigste Auflage. Bald nach Erscheinen wurde es übersetzt, insgesamt in 16 Sprachen.

Zitate aus dem Buch wären ähnlich denunzierend wie herausgegriffene Proben aus Marlitts oder Hedwig Courths-Mahlers Werken. Um die Schrecken des Krieges zu zeigen, arbeitete Frau von Suttner stilistisch und dramaturgisch mit den Mitteln, die ihr nach Herkunft und Bildung zur Verfügung standen und die – das machte die enorme Wirkung ihres Schaffens aus – dem Gefühl und Geist der Zeit entsprachen. Marthas, der Heldin des Romanes, Vater kann ihre

Bitte, dem Krieg zu fluchen, erst erfüllen, als er vom Übermaß des Unglücks selbst dahingerafft wird; in sieben Tagen haben der Krieg und seine Folgen – Cholera nach preußischer Einquartierung – neun Menschenleben gefordert, Komtessen, Stalljungen, den Erben sogar.

Vermutlich hat das Sentimentale, Melodramatische, Moralisierende des Romans den Nerv der Leser getroffen. Die seltsame Mischung aus Naivität und Harmoniestreben, Optimismus und Mut hat viele Menschen angerührt und sie im Streben nach einer besseren Welt bestärkt. Dass die Prophetin dieser Welt ohne Krieg aus altem österreichischem Adel kam, sie war eine in Prag geborene Gräfin Kinsky, dass sie in den nobelsten Kreisen der Gesellschaft ebenbürtig auftreten konnte, machte einen beträchtlichen Teil der Wirkung aus. Immerhin ist es die Zeit, in der Frauen kein Wahlrecht besaßen, von politischen Versammlungen ausgeschlossen waren, als Bertha von Suttner, vom Erfolg ihres Romans getragen, 1891 die österreichische »Gesellschaft der Friedensfreunde« gründet, deren Präsidium übernimmt und vom folgenden Jahr 1892 an eine *Monatsschrift zur Förderung der Friedensidee* herausgibt, wieder mit dem Titel *Die Waffen nieder!*. Ohne diese Aktivitäten wäre auch die Gründung der »Deutschen Friedensgesellschaft« (ebenfalls 1892) durch ihren Jünger, den Verlagsbuchhändler Alfred Hermann Fried in Berlin, nicht – oder doch erst viel später – möglich gewesen.

Die Gründung der Deutschen Friedensgesellschaft erfolgte spät genug, gemessen an England und an den USA, wo die ersten Friedensgesellschaften unter dem Einfluss der Quäker schon zu Beginn des 19. Jahrhunderts entstanden waren. In London fand 1843 der erste internationale Kongress der Friedensfreunde – es waren vor allem britische und amerikanische – statt. 1848 trafen sich die Pazifisten in Brüssel, 1849 unter der Präsidentschaft von Victor Hugo in Paris. 1850 wurde der internationale Kongress ohne nennenswerte deutsche Beteiligung in der Frankfurter Paulskirche abgehalten, ehe nach einem weiteren Treffen in London die übernationale Friedensbewegung stagnierte. Immerhin gab es Friedensgesellschaften in der Schweiz (1830) und in Frankreich (1867), in Holland und Belgien und seit Beginn der 1880er Jahre auch in Skandinavien. Den zaghaften Anfängen in Deutschland war durch die Obrigkeit bald gewehrt worden. In Königsberg, wo Immanuel Kant 1795 mit seiner Schrift *Zum ewigen Frieden* theoretische Grundlagen zu Völkerrecht und internationaler Friedensordnung gelegt hatte, verbot die Polizei den Pazifistenverein, der sich 1850 dort zusammengefunden hatte.

Bertha von Suttner war vor allem von der Londoner Vereinigung für Frieden und Schiedsgerichtsbarkeit inspiriert; für solche Ideen wollte sie auf dem Kontinent Vorkämpferin sein. In Österreich-Ungarn und mehr noch im preußisch dominierten Deutschen Reich waren freilich die Voraussetzungen denkbar ungünstig. Im spät vollendeten deutschen Nationalstaat war das politische Klima bestimmt von der Sehnsucht nach militärischer Kraft und dem Streben nach dem Status einer Großmacht. Militarismus und Nationalismus beherrschten die Vorstellungswelt eines Bürgertums, dessen Ideal sich im Reserveleutnant verkörperte. Und die gelehrte Welt, Künstler und Literaten nahmen sich nicht aus von der allgemeinen Begeisterung für bewaffnete Stärke und von den Träumen künftiger deutscher Weltgeltung.

Felix Dahn, der gefeierte Autor des zwanzigbändigen Opus *Die Könige der Germanen* und vielgelesener Romane (*Ein Kampf um Rom*), antwortete dem Publizisten Moritz Adler auf die Übersendung eines friedensphilosophischen Aufsatzes, dass er nicht im mindesten von seiner »geschichtlich und philosophisch begründeten Überzeugung abgehen« könne, derzufolge der Krieg notwendig sei, denn er habe »neben schädlichen auch wohltätige, veredelnde, sittlich erziehende Wirkungen«. Die Ansichten der Bertha von Suttner (Felix Dahn nannte sie nur »jene Dame«) und ihrer Gesinnungsgenossen hingegen »schädigen die Volksseele, denn sie untergraben das Pflichtbewußtsein, die Vaterlandsliebe und die heldenhafte Gesinnung.« Den Beifall der Mehrheit hatten solche Ausführungen allemal. Moritz Adler war übrigens ein Pazifist der frühen Stunde; er hatte schon 1868 eine Programmschrift veröffentlicht mit dem Titel *Der Krieg, die Kongreßidee und die allgemeine Wehrpflicht im Lichte der Aufklärung unserer Zeit von einem Freunde der Wahrheit.*

Bertha von Suttner, eine schöne Frau, die als Journalistin und Autorin erfolgreich war (übrigens auf den finanziellen Erfolg ihrer Schriftstellerei auch angewiesen war), liebte die großen Auftritte und den Glanz der Welt. Sie fühlte sich dazu geboren, auf Friedenskongressen und interparlamentarischen Konferenzen den Mächtigen der Welt die Friedensidee zu predigen, auf ausgedehnten Vortragsreisen, 1904 und 1912 auch in den Vereinigten Staaten, 1906 durch Skandinavien, warb sie für ihre Vision einer konfliktfreien Welt, die durch Verwirklichung zweier Grundideen, internationaler Schiedsgerichtsbarkeit und Abrüstung, entstehen sollte.

Der Glanz und der Ruhm haben ihr Spaß gemacht (einen Artikel *Nachklänge vom Friedens-Congress* begann sie mit: »So sind denn die schönen Tage von Rom und Neapel nunmehr auch vorübergerauscht!«), den Friedensnobelpreis von 1905, den ersten, den eine Frau erhielt, hat sie gerne genommen, und das nicht nur, weil sie den Stifter Alfred Nobel, einen ihrer Freunde und Bewunderer, zum Engagement für die junge Friedensbewegung ermuntert hatte.

Die von Bertha von Suttner geprägte Friedensbewegung war in Österreich so wenig wie in Deutschland eine kämpferische Truppe und konnte das auch wohl nicht sein. Zu ihren Dogmen gehörte die Ausklammerung jeder Tagespolitik, weil man solche Abstinenz als vermeintlich Einheit und Geschlossenheit stiftend für unumgänglich hielt; der optimistische Glaube an das Gute im Menschen und die deshalb logische Entwicklung zum Völkerfrieden schien den Friedensfreunden durch die Beschwörung der Schrecken des Krieges hinlänglich befördert.

Um die Baronin von Suttner wurde es in den letzten Jahren vor dem Ersten Weltkrieg stiller. Die »Friedensfurie« der neunziger Jahre, so war die temperamentvolle Protagonistin geschmäht worden, für die die Friedensbewegung auch eine Emanzipationsbewegung war, die Friedensfurie war zur Kassandra gealtert. Das Erlebnis des Ausbruchs des Ersten Weltkriegs mit seinen Exzessen kriegsbegeisterter Massenhysterie blieb ihr erspart, sie starb wenige Wochen davor einundsiebzigjährig im Juni 1914.

Ungefähr zehntausend Pazifisten waren am Vorabend des Ersten Weltkriegs in der deutschen Friedensbewegung organisiert. Es war, da die Arbeiterbewegung unter ihrem damals noch geltenden Dogma des Klassenkampfes unbedingt Abstand hielt, eine rein bürgerliche Bewegung, geprägt von linksliberalen Honoratioren, die sich als oppositionelle Minderheit gegenüber dem wilhelminischen Militär- und Obrigkeitsstaat empfand. Und wie in bürgerlichen Honoratiorenvereinigungen üblich, bestand die Majorität der Mitglieder aus wenig aktiven Sympathisierenden. Die Protagonisten der Friedensbewegung mussten es mindestens in Kauf nehmen, belächelt zu werden, wie es den beiden Vorkämpfern einer pazifistischen Völkerrechtslehre, Walther Schücking und Hans Wehberg, im akademischen Umkreis geschah.

Die erste, die blauäugige und sentimentbeladene Phase der Friedensbewegung war im Sommer 1914 dramatisch beendet. Über die Fehler und Illusionen der Aufbruchzeit ist man später, vor allem nach dem Ersten Weltkrieg, zu Gericht gesessen, und die Friedensfreunde haben sich dann oft, gründlich und gern gestritten. Am strengsten hat wohl Carl von Ossietzky die Ahnfrau des deutschen Pazifismus behandelt. Er schrieb 1924, zehn Jahre nach Bertha von Suttners Tod, in einer Musterung der pazifistischen Szene:

Es ist wahrscheinlich das Schicksal der Bewegung gewesen, daß ihr Ausgangspunkt der larmoyante Roman einer sehr feinfühligen und sehr weltfremden Frau war. Das übergewöhnliche und reine Wollen der Suttner in allen Ehren, aber sie fand für die Idee keine stärkere Ausdrucksform als die Wehleidigkeit. Sie kämpfte mit Weihwasser gegen Kanonen, sie adorierte mit rührender Kindlichkeit Verträge und Institutionen – eine Priesterin des Gemütes, die den Königen und Staatsmännern ins Gewissen redete und die halbe Aufgabe als gelöst ansah, wenn sie freundlicher Zustimmung begegnete. Und wer konnte dieser milden, gütigen Dame anders begegnen? Wie so viele Frauen, die aus reiner Weiberseele für die Verwirklichung eines Gedankens kämpfen, der männliche Spannkraft und ungetrübten Tatsachenblick erfordert, glitt sie ins Chimärische, glaubte, bekehrt zu haben, wo sie ein paar

Krokodilstränen entlockt hatte, blieb sie im Äußerlichen haften, anstatt bis zum Sinn vorzustoßen, und streifte sie in der Art, sich zu geben, da ihr die prägnante Form mangelte, schließlich den Kitsch. So war um die »Friedensbertha« allmählich ein sanftes Aroma von Lächerlichkeit, und dieses Aroma ist der deutschen Friedensbewegung unglücklicherweise geblieben bis zum heutigen Tag. Und es hat nach außen hin so stark gewirkt, daß auch die tüchtigsten und bedeutendsten Männer es nicht haben beseitigen können. Der Pazifismus trug für die Menge stets das Cachet des Exklusiven, ärger noch, des Unmännlichen. Dabei ist die Methode des sanften Girrens um die Gunst der Großen längst vorüber. Die Sentimentalität von einst ist robustem Deklamatorentum gewichen, die freundliche Predigt der Suttner den haßerfüllten Expektorationen wilder Männer. Dazu sind gestoßen Fanatiker und Sektierer aller Art, Projektenmacher mit dem Kardinalrezept für alle Weltübel, Allerweltsreformer, die das Fleisch verabscheuen, infolgedessen auch Muskelkraft und alles Maskuline überhaupt; sie zeugen ihre Kinder, wenn es schon mal nicht anders geht, dann wenigstens mit ausgesprochener Unlust, und möchten die ganze Menschheit am liebsten auf Kohlrabi-Diät festlegen. Die Politiker sind zwischen Querulanten und wunderlichen Heiligen in der Minderzahl. Sie haben das Ihrige getan, aber es ist ihnen bisher nicht gelungen, die Bewegung als solche an den Realitäten zu orientieren.

Ossietzkys Verdikt über den bürgerlichen Pazifismus war, ganz abgesehen von seiner merkwürdigen männlich-chauvinistischen Argumentation, nicht gerecht. Ossietzky ließ nämlich völlig außer acht, mit welchem Engagement sich Vertreter der Friedensbewegung in den Gründerjahren vor 1914 für den demokratischen Gedanken und für demokratischere Zustände im Deutschen Reich exponiert hatten, und Ossietzky ignorierte den Einsatz der Friedensbewegten während des Ersten Weltkriegs für die Einhaltung elementarer Regeln des Völkerrechts und der Menschenrechte und ihren Kampf gegen Annexionen, gegen den uneingeschränkten U-Boot-Krieg und gegen andere militärische Exzesse.

Noch einmal zurück ins Jahr 1892. Bertha von Suttner näherte sich, als sie im März 1892 in Berlin für die Friedensidee warb, dem Höhepunkt ihrer Karriere als Schriftstellerin. Sie hatte nach kurzem Aufenthalt in Paris, wo sie bei Alfred Nobel als Sekretärin und Hausdame angestellt war, von 1876 bis 1884 im Kaukasus gelebt und dort zu schreiben begonnen. Ab 1885 lebte sie bei Wien auf Schloss Harmannsdorf, dem Familiensitz der Suttners. Nach den Romanen *Das Maschinenzeitalter* und *Die Waffen nieder!* (beide 1889 veröffentlicht) beteiligte sich die Baronin an fast allen Friedenskongressen und interparlamentarischen Konferenzen. 1891 Gründerin (und bis 1914) Präsidentin der Österreichischen Friedensgesellschaft, unterstützte sie Friedensaktivitäten durch zahlreiche Vortragsreisen, durch die Herausgabe der Zeitschrift *Die Waffen nieder!* und durch eine überaus fruchtbare schriftstellerische Tätigkeit. Über ihren Auftritt berichtete das *Berliner Tageblatt* am 18. März 1892:

> Die Ruferin im Streit für den Weltfrieden, Frau Baronin Bertha von Suttner weilt in diesen Tagen in Berlin, und aller Augen sind auf sie gerichtet. Wie diese Blicke auch sein mögen, bewundernd, zweifelnd oder an ihrem Erfolge verzweifelnd, – in der allgemeinen beispiellosen Beachtung, welche der Dame zuteil wird, liegt ein vielleicht noch unbewußtes Zugeständnis für ihre Sache. Dieses Aufsehen ist gewiß mit begründet in dem Umstande, daß es eben eine Frau ist, welche sich in die gefährlichste Bresche der modernen Kultur wirft und in einer Frage das Wort ergreift, in der die Schwestern ihres Geschlechts im Grunde genommen noch mehr der leidende Teil sind, als die Männer. Wenn heute vor allem zahllose Frauen den Namen Bertha Suttner mit Ehrfurcht nennen, so ist es nicht, weil diese plötzlich das heißersehnte Allheilmittel gegen den männermordenden Krieg gefunden und dem »Muß« dieses, wie es heißt, notwendigen Übels ein hoffnungsvolles »Vorbei« ersonnen hätte, so geschieht es nur darum, weil Frau von Suttner ausgesprochen und mit heißer Beredsamkeit ausgesprochen hat, was hilflos auf tausend Lippen lag und ohne Gestalt in tausend Herzen schlummerte. Daß diese Frau nicht nur ihrem Jahrhundert voraus ist, sondern den Finger mutig in die Wunde von heute gelegt hat, das hat sie mit dem schönen Nimbus der Volkstümlichkeit bekleidet.

Bertha von Suttner las aus ihrem Roman. Das *Berliner Tageblatt* schrieb dazu:

> Zu Gehör kam das Kapitel, welches die junge Frau eines österreichischen Offiziers in Begleitung eines Arztes auf der Reise nach den Schlachtfeldern des Bruderkriegsjahres 1866 schildert und die erschütternden Eindrücke, die grauenvollen Bilder wiedergibt, die auf die Sinne des armen Weibes in fürchterlicher Abwechselung einstürmen. Dann folgte der Abschnitt, der den erschütterten Leser und Hörer auf das Totenfeld bei Sadowa führt, wo Brust an Brust schlummern, die eben Brust gegen Brust noch die Waffen gekreuzt haben. Auch Kaiser Franz Joseph besucht dort seine toten Kinder und weint ihnen eine Träne nach, und jedes Grab und jeder Stein scheint zu rufen: »Die Waffen nieder« [...]

Am folgenden Abend fand ein Bankett zu Ehren Bertha von Suttners statt. Der Bericht darüber ist mehr als die Darstellung eines gesellschaftlichen Ereignisses. Es ist der Spiegel der Zeit vor dem Ersten Weltkrieg und ein Indikator für den Stand der Friedensbewegung und der Friedensidee vor dem Ersten Weltkrieg:

> Ein erlesener Kreis von Schriftstellern, Parlamentariern, Publizisten und sonstigen Anhängern der Friedensidee hatte sich gestern abend im Englischen Hause verei-

nigt, um Frau Baronin Bertha v. Suttner durch ein Ehrengastmahl die Sympathie zu bezeugen, welche sich die Bestrebungen dieser »Jeanne d'Arc des Friedens« auch in der Reichshauptstadt zu erwerben verstanden. Frau von Suttner, die im Dienste der Wohltätigkeit nach Berlin gekommen, sollte ein unzweideutiges Zeugnis dafür empfangen, daß wenigstens in Deutschland ihre Worte des Friedens nicht unter die Dornen und Disteln am Wege gefallen sind. Gleichzeitig freilich sollte auch der bedeutenden Schriftstellerin die Huldigung ihrer Verehrer dargebracht werden. Aber da sich in Bertha von Suttner das Friedensapostolat mit der Begabung der Dichterin zu einem schönen Ganzen eint, so erwuchs dem Feste aus dieser Zwiefältigkeit nur ein erhöhter Glanz.

Ist die durch Bertha von Suttners Roman begründete Friedensbewegung gescheitert? Am mangelnden Erfolg gemessen – zweifellos. Nach Kategorien wie moralischem Anspruch und politischer Logik bewertet, war die Friedensbewegung aber berechtigter als jede andere Idee. Die fünfzig Millionen Toten des Zweiten Weltkriegs – das Fünffache der Opfer des Ersten Weltkriegs – wären, wenn es dessen bedürfte, Beweis genug. Die Erinnerung an die Frauen und Männer des Widerstands gegen Hitlers Unrechtsstaat gehört zu Recht zu den konstituierenden Traditionen der Bundesrepublik Deutschland. Die historische Friedensbewegung, deren Leistungen wie die des Widerstands ausschließlich im Ideellen zu orten sind, hätte die gleiche Beachtung verdient.

Aus der Serie *one shock every day*. Barbara Hlali, 2009.

WOLFGANG SCHLOTT

Der Deutsche von Jacques Rivière
Eine Analyse deutschen Denkens und Handelns unter
der existentiellen Erfahrung des Ersten Weltkriegs*

Sie können den Krieg nicht gewinnen, weil sie selbst nicht im Voraus den Sieg erringen. Es wird immer eine Spannbreite zwischen ihren Erfolgen und dem Sieg fortbestehen, die genau diejenige ist, die zwischen ihnen selbst und ihrer Realität existiert.[1]

Das im September 1918 von Jacques Rivière abgeschlossene Buch-Manuskript, 1919 im Pariser Verlag Gallimard unter dem Titel *Der Deutsche. Erinnerungen und Reflexionen eines Kriegsgefangenen*[2] erschienen, erwies sich in mehrfacher Hinsicht als ungewöhnliche Analyse des (oder der) Deutschen. Der Verfasser[3] der mehr als 200 Seiten umfassenden Publikation hatte aus eigener Erfahrung, als Kriegsgefangener des deutschen ›Erzfeindes‹ unmittelbar nach Beginn der

---

* Fußnote: Ich danke dem Verleger Axel von Ernst (Lilienfeld Verlag Düsseldorf), der mir die französischsprachige Druckvorlage zur Verfügung gestellt. Die deutsche Erstausgabe von Jacques Rivières *Der Deutsche* erscheint im Frühjahr 2011 im Lilienfeld Verlag. Alle Zitate aus dem Französischen stammen vom Verfasser des Aufsatzes.

1 J. Rivière. *L'Allemand. Souvenirs et reflections d'un prisonnier de guerre*. Paris: Gallimard 1919, 225.

2 J. Rivière. *L'Allemand. Souvenirs et reflections d'un prisonnier de guerre*. Paris: Gallimard, 1919.

3 14. Juli 1886 in Bordeaux geboren, 14. Februar 1925 in Paris gestorben. Universitätsexamen »Licence dès lettre«. Seit 1907 Kontakte in der literarischen Szene von Paris. 1912 Redaktionssekretär der Zeitschrift *La Nouvelle Revue Française*. Nach Kriegsausbruch am 1. August 1914 als Soldat eingezogen.

militärischen Konfrontation zwischen dem deutschen Kaiserreich und der französischen Republik (24. August 1914), seine Bewacher kennen und verachten gelernt. Seine *Tagebücher 1914–1917. Aufzeichnungen aus deutschen Kriegsgefangenenlagern*, erst nach dem frühen Tod ihres Verfassers 1925 in Paris[4] veröffentlicht, bezeugen die breite Palette von Wertungen und Gefühlen gegenüber den Deutschen. Diese Publikation belegt, wie eine Reihe anderer Dokumente französischer Autoren,[5] die sozialen und materiellen Bedingungen, unter denen die etwa 500.000 französischen Kriegsgefangenen im deutschen Kaiserreich während des Ersten Weltkriegs existierten.[6] Sie verweist auch auf das Bemühen des Verfassers, auf der Grundlage einer katholischen[7] und patriotischen Geisteshaltung den philosophischen Hintergrund für das grobschlächtige Handeln seiner deutschen Bewacher zu beleuchten. Das von Rivière gezeichnete Bild des ›Erzfeindes‹ ist allerdings eingeschränkt auf Berichte über die schreckliche militärische Konfrontation mit preußischen Ulanen, über den Alltag im Gefangenenlager mit physischer Misshandlung und mit Bestrafungsritualen sowie über gelegentliche Begegnungen mit deutschen Zivilisten außerhalb des Lagers. Ein überwiegender Anteil seiner Tagebuchnotizen ist seinen Reflexionen über religiöse und andere weltanschauliche Probleme wie auch den Gesprächen mit Kriegsgefangenen aus anderen europäischen Ländern gewidmet.

Während in den Tagebüchern keine fundierten Äußerungen über die Deutschen als Träger und Verkünder nationaler Werte zu finden sind, enthält das Vorwort zu *Der Deutsche* aus dem August 1918 bereits eine eindeutige Botschaft: »Der Gegenstand meines Buches ist der französisch-deutsche Antagonismus«.[8] Auf welche Weise setzte sich der junge französische Schriftsteller mit einem solch komplexen Gegenstand auseinander? Wie war er vorbereitet auf die Bewertung einer in sich widersprüchlich und vielschichtig angelegten Kultur, die er einerseits aus der Perspektive eines Kriegsgefangenen mit wenigen Abstechern in den

---

4 Die im Verlag Fayard publizierten Tagebücher trugen den Titel *Carnets 1914–1917*. Présentés et annotés par Isabelle Rivière et Alain Rivière. Préface de Pierre Emmanuel de l'Académie française.

5 Vgl. Charles Gueugnier. *Les carnets de Captivité 1914–1918*. Toulouse, 1998. Charles de Gaulle. *Lettres, notes et carnets 1905–1918*. Paris, 1980.

6 Vgl. dazu Loïc Delafaite. *Die französischen Kriegsgefangenen in Deutschland im Ersten Weltkrieg. Erfahrungen einer Demütigung oder Anfang einer Aussöhnung*. Reims, Aachen; Grin, 2007.

7 Rivière konvertierte 1913 zur katholischen Konfession.

8 Rivière, *L'Allemand*, 9.

Alltag der Deutschen, andererseits auf der Grundlage ausgewählter Schriften deutscher Kulturhistoriker und Philosophen wahrnehmen konnte? Mit welchen Argumentationsmustern entwickelte er seine Studie über »den Deutschen«, der eine, allerdings nicht abgeschlossene Analyse des Franzosen folgen sollte?[9]

Drei Überlegungen erlauben mir im Vorgriff auf die Analyse des Textes eine Hypothese aufzustellen, die ich im Laufe meiner Untersuchung zu einer These verdichten möchte. Es war der Erste Weltkrieg, zum einen als Auslöser für die Jacques Rivière'schen Reflexionen über den ›Erzfeind‹, zum anderen als Impulsverstärker angesichts der tief greifenden Erlebnisse in Kriegsgefangenenlagern und gelegentlichen Begegnungen mit Deutschen außerhalb der Lager, der den jungen französischen Intellektuellen bewog, sich mit dem Charakter, der Mentalität, der moralischen Haltung, der Intellektualität und der Kultur des ›Feindes‹ intensiv zu beschäftigen. Diese Erlebnisse bewirkten – trotz zahlreicher Aggressionsschübe gegenüber seinen deutschen Bewachern zwischen 1914 und 1917 – eine anwachsende Differenziertheit und Ausgewogenheit beim Urteil über den ›Feind‹. Im Vorwort zur zweiten Ausgabe von *Der Deutsche*,[10] datiert September 1924 kommen, wie in der Vorrede zur Erstveröffentlichung 1919, diese wachsenden Zweifel des Autors an seiner Verurteilung des Deutschen zum Ausdruck. Bei der aufmerksamen nochmaligen Lektüre seines Buches seien ihm Lücken und Übertreibungen aufgefallen. Doch ungeachtet seiner Bedenken habe er nur einige Wörter verändert, für eine Umarbeitung aber hätte er ein neues Beschreibungsmodell entwickeln müssen, doch dazu hätte es ihm an direkten Kontakten mit Deutschen gefehlt. Zwar habe er seit Ende des Ersten Weltkriegs einige Deutsche getroffen, aber, so fragt er sich zweifelnd an seiner bisherigen Darstellungsweise, »wie soll man sie integrieren in das Bild einer kollektiven Seele, in ein ethnisches Porträt?«[11]

Seine Antwort: »Ich hätte wieder in die Masse selbst des deutschen Volkes eintauchen und mich ein zweites Mal imprägnieren lassen müssen [...]. Die Umstände haben es mir nicht erlaubt«,[12] verweist auf seine wachsende Unsicherheit

---

9 Vgl. dazu Helen Thomas Naughton. *Jacques Rivière. The Development of a Man and a Creed.* The Hague, Paris: Mouton & Co., 1966, 92. Rivières Studie über seinen Landsmann wurde nie abgeschlossen; vier Kapitel daraus veröffentlichten die Èditions Claude Aveline, Paris, 1928.

10 Es trägt bezeichnenderweise den französischen Titel »Préface pour la réimpression«, vgl. Rivière, *L'Allemand*, 7.

11 Ebd., 8.

12 Ebd., 8.

im Hinblick auf das Ergebnis seiner völkerpsychologischen Studie. In der Kritik
an seinem Werk geht Rivière soweit, dass er die Ursachen für den Charakter des
Textes benennt. Dieser Hass gegenüber einem ganzen Volk habe, gemeinsam
mit anderen Beschreibungsmerkmalen, etwas Tendenziöses, das ihn zu einem
bloßen Verleumder werden lasse. Der Krieg habe hier seine Spuren hinterlassen,
und alle diejenigen, die nicht unter diesem Einfluss stünden, würden eine solche
Darstellung als unbequem bezeichnen. Doch seine Intoleranz und seine Wut,
die den Atem seines Buches durchwehe, stammten nicht nur von seinen Kriegs-
erlebnissen.

Ich glaube, dass man die Wurzeln dafür in etwas Persönlicherem und Tieferem
suchen muss: in meiner Geburt, in meinem französischem Wesen. Wie man schon
bemerkt hat, mein Porträt des Deutschen ist auch ein Porträt des Franzosen; der
Deutsche ist hier so gezeichnet, wie ihn der Franzose sieht (oder eher derjenige,
der ihn so sehen kann).[13]

Doch damit nicht genug: Riviere sprach sogar von einer Relativierung im Hinblick auf die Aussage der Studie:

Man muss es offen gestehen; es ist eine Beziehung, die hier beschrieben wird, mehr
wohl als ein Objekt, eher als ein Bild. Man kann dort sehen, wie zwei Rassen nicht
in der Lage sind, sich zu verstehen, oder zumindest wie eine durch die andere
verletzt wird. Der Gegenstand meines Buches ist der französisch-deutsche Antagonismus.[14]

Es ist in der Tat verwunderlich, wie der Herausgeber und Chefredakteur einer
der bedeutendsten französischen Literaturzeitschriften, *La Nouvelle Revue Française*, mit immer neuen Entschuldigungen hinsichtlich der möglichen Relevanz
seiner Studie an der Neuauflage von *Der Deutsche* festhielt. In der Vorrede zur
Erstausgabe, datiert August 1918, suchte er nach Gründen dafür, weshalb er das
Recht gehabt habe nach seiner Internierung im Sommer 1917 in der Schweiz,
seinen Gedanken freien Lauf zu lassen, obwohl er seinen Gegenstand vorwie-
gend nur aus der Perspektive eines Kriegsgefangenen und aufgrund der Lektüre
deutscher Zeitungen bewerten konnte. »War es denn gerecht von meiner Seite,

13 Ebd., 9.
14 Ebd., 9.

die öffentliche Meinung anzuheizen [...]? [...] Hatte ich das Recht, zur Verstärkung des Hasses und des Schmerzes in der Welt beizutragen?«[15]

Und je länger ein kritischer Leser neunzig Jahre nach der Veröffentlichung von *Der Deutsche* über die Gründe nachdenkt, weshalb ein französischer Intellektueller unmittelbar unter der Einwirkung von Erniedrigung sich etwas ›von der Seele‹ schreibt, was ein sehr gemischtes Echo im deutsch-französischen Meinungsspektrum fand, desto deutlicher zeichnen sich die Konturen eines psychologischen Diskurses ab, den ich in meinen folgenden Ausführungen bewerten werde.

Der Mangel an Rückgrat

Es ist bemerkenswert, dass Rivière zu Beginn des ersten Teils seiner Studie dem Deutschen unter der Überschrift *D'après nature* einen Mangel an Leidenschaft (tempérament) vorwirft und diese ›Diagnose‹ unter Verweis auf eine – allerdings ohne Quellenangabe – Aussage des erznationalistischen französischen Schriftstellers Charles Maria-Photius Maurras (1868–1952) belegt. Das primäre deutsche Merkmal[16] sei die Mittelmäßigkeit. Ein Urteil, das Rivière aufgrund stereotyper Ausrufe von Bewachern in dem Kriegsgefangenenlager im sächsischen Königsbrück untermauert. Auf jegliche Einwände gegen bestimmte Reglements von Seiten der Kriegsgefangenen hätten die Posten »Das ist mir egal!« erwidert. Und in dieser stereotypen Reaktion auf die Widerrede ihrer Gefangenen sei eine solche radikale Aufrichtigkeit enthalten, dass Rivière gleichsam den »Untergrund der Seele« (»le tréfonds de l'âme«) zu verspüren glaubte. Er versetzt sich sogar in die Ich-Perspektive eines Deutschen, indem er dessen Gefühle der Gleichgültigkeit gegenüber allen Erscheinungen des Lebens simuliert. Auch seine Zwischen-Diagnose überrascht: Das sei hier kein slawischer oder ein orientalischer Fatalismus. Es handele sich auch nicht um Resignation:

> Der Deutsche weicht vor seinen Wünschen und seinen Träumen angesichts eines Ereignisses, das als unüberwindbar gilt, nicht aus. Die Wahrheit [aber] ist, dass es vorerst weder Wünsche noch Träume, weder Liebe noch Hass, weder Vergnügen noch Ekel, noch Leidenschaft gleich welcher Art gibt.[17]

---

15 Ebd., 14.

16 Maurras verwendet den Begriff »fonds«, also Gut im Sinne von Erbgut.

17 Rivière, *L'Allemand*, 30.

Auch die Vermutung, dass es sich bei dem deutschen Patienten um einen Eingeschlafenen handele, ist für Rivière irreführend. Dem Deutschen mangele es vielmehr an Orientierung. Deshalb kommt er zur Einsicht: »Selbst die Reste von Empfindsamkeit sind in dieser Seele abwesend.«[18]

Im Anschluss an die Pathologisierung seines Patienten sammelt Rivière eine Reihe von Wertmerkmalen, um deren Charakter im Vergleich zum Franzosen zu beschreiben.

> Der Deutsche kann dem Franzosen nicht die Stirn bieten; er ist vor ihm entwaffnet;
> es gibt nichts, was diesen direkten und scharfsinnigen Wünschen entspricht, dieser
> leidenschaftlichen Lebendigkeit, dieser kühnen Furchtlosigkeit des Herzens, mit
> dem sein Mitspieler ausgestattet ist.[19]

So überraschend hier die Wortwahl »partenaire« (Partner, Mitspieler) erscheint, im Kontext der weiteren Ausführungen wird deutlich, wie Rivière seine Argumentationsmuster entwickelt und mit welchen fehlenden Informationen sie ausgestattet sind. Natürlich räumt der Verfasser auch Mängel und Irrtümer ein, da wir Franzosen, so Rivière, mit unseren Urteilen zu schnell seien. Diese Schnelligkeit beim Aussprechen von Urteilen sei vielleicht die Quelle unserer Irrtümer und der daraus folgenden Unglücke. Doch sie zeuge schließlich auch von einer Kraft und von einer Fülle an Gefühlen, denen der Deutsche mit seiner ethischen Spontaneität im Vergleich dazu unterlegen sei.

Die folgende Passage beginnt gleichsam unvermittelt mit zwei Zeilen aus *Die Wacht am Rhein*, jenes 1840 von Max Schneckenburger stammende Gedicht und von Karl Wilhelm 1854 vertonte Lied, das im deutschen Kaiserreich nach 1871 neben der Nationalhymne bei vielen Anlässen gesungen wurde. Die beiden Zeilen aus der zweiten Strophe lauten in der offiziellen Textvariante:

> Der deutsche Jüngling, fromm und stark
> beschützt die heil'ge Landesmark[20]

Was Rivière dazu verleitet, von einem »frommen und starken jungen Deutschen« zu sprechen, »der auf seine Waffe gestützt, bereit zu allen Taten ist, mit

---

18 Ebd., 31.
19 Ebd., 31.
20 Bei Rivière heißt es: »Der deutsche Jüngling fromm und stark / beschirmt die heilige Landmark«, wobei »Landmark« als »frontière« übersetzt wurde.

breiter Brust, das Gemüt nur belebt von einer rasenden Selbstaufopferung.«[21] Diese aggressive, wehrhafte Haltung des Deutschen, der die *Wacht am Rhein* hält, beschreibt Rivière in seinen weiteren Ausführungen.

Es sind die »Alten des Landsturms«, die in einem kurzen Textabschnitt auftauchen. Rivière wertet sie, ohne das Verhältnis zwischen Landsturm und den einzelnen Heeresabteilungen zu kennen, als Reservearmee des Reichsheeres, das sich bedingungslos den Anordnungen der übergeordneten Kriegsbehörde zu fügen hat.[22] Die im Kriegsgefangenenlager auftauchenden Angehörigen eines Landsturms, die eine »Lieferung von Leibeigenen«, also Kriegsgefangene, abholen wollen, bezeugen gegenüber subalternen Offizieren der Lagerverwaltung tiefen Respekt, den Kriegsgefangenen gegenüber treten sie mit militärischer Härte auf. Eine solche Beobachtung greift Wesensmerkmale der Befehlsstrukturen im deutschen Militär auf, wie sie auch in dem Roman *Im Westen nichts Neues* von Erich Maria Remarque, allerdings erst 1929 publiziert, als Kadavergehorsam thematisiert wurden, d.h. die Unterwürfigkeit der einfachen »Frontschweine« gegenüber den herrisch auftretenden Offizieren.

Doch überraschenderweise bewertet Rivière auch die mentalen Strukturen der deutschen Zivilbevölkerung. So beobachtet er bei einem Einkauf von Nahrungsmitteln für die Lagerinsassen, unter der Bewachung eines einzigen Offiziers, wie ihnen deutsche BürgerInnen mit einem Lächeln ihre Sympathie zum Ausdruck bringen, während sie gegenüber ihren Landsleuten eine Mimik der Gleichgültigkeit und Härte zeigen: »Selbst das Gesicht, das uns voll Freundlichkeit betrachtet, wurde, sobald es sich auf einen Landsmann richtete, streng, düster und hart.«[23]

Auch weitere Beobachtungen der einfachen Feldgrauen[24] erhärten Rivières Urteil von der Gefühllosigkeit und der Starrheit der Deutschen. Egal, ob es Bewacher sind oder die Reisenden in einem Zug zwischen Leipzig und Frankfurt,

---

21 Rivière, *L'Allemand*, 32.

22 Nach dem Gesetz über den Landsturm vom 20. Februar 1875 bestand der Landsturm aus allen Wehrpflichtigen vom vollendeten 17. bis zum vollendeten 42. Lebensjahr, welche weder dem Heere noch der Marine angehören. Nach der Veränderung des Gesetzes vom 11. Februar 1888 gab es zwei Aufgebote. Landsturm 1 erfasste alle Wehrpflichtigen bis zum 39. Lebensjahr, Aufgebot 2 alle übrigen. Nach der Mobilmachung am 1. August 1914 aber wurden viele Landsturm-Angehörige sofort in die Kriegsmaschinerie eingeordnet.

23 Rivière, *L'Allemand*, 34.

24 Die Uniformen der Soldaten bestanden im Deutschen Kaiserreich nach 1907 aus einem Gemisch aus grün und grau, was die Bezeichnung Feldgraue begründete.

die sich vor dem Abteil dicht an dicht drängen, in dem französischen Kriegsgefangene untergebracht sind, ohne auf den Gedanken zu kommen, die leeren
Plätze im Abteil zwischen den Franzosen einzunehmen.[25] An solchen Textstellen
vergleicht der Autor die Affektlosigkeit des Deutschen mit der Spontaneität
des Franzosen, der reaktionsschnell seine Gefühle zum Ausdruck bringe: »Er
begreift seinen Vorteil und treibt ihn so lange wie möglich voran, während der
andere überlegt, wie er darauf reagieren kann.«[26] Aus der psychologisch motivierten Erkenntnis, dass ›der‹ Deutsche so träge ist, entwickelt Rivière seine
sicherlich vorschnelle Einsicht, dass der Krieg für den ›Erzfeind‹ bereits aus sei.
Er belegt sie mit dem Ruf seiner französischen Landsleute: »Foutu« (futsch), mit
dem sie ihre deutschen Bewacher ärgern.

Der Krieg als Thema in der gestörten Kommunikation
zwischen Franzosen und Deutschen

Es gehörte zum Alltag im Kriegsgefangenenlager in Königsbrück (in der westlichen Lausitz) und an anderen Orten, dass die Gefangenen ihren Bewachern
demonstrativ zeigten, wer der baldige Sieger im deutsch-französischen Krieg
sein wird. In solchen heftig geführten Disputen ging es um die Prophezeiung, ob
zum Beispiel die mit schrecklichem Blutzoll auf beiden Seiten umkämpfte Stadt
Verdun die Deutschen bald besetzen werden. Sie wurde von französischer Seite
aus mit dem Ruf »Ils sont foutus, les boches!«[27] ausgesprochen. Während Rivière
einerseits in solchen Textpassagen die patriotische Haltung seiner Landsleute
hervorhob, belachte er andererseits das Verhalten des deutschen Wachpersonals,
das teilweise sich mit den Kriegsgefangenen in einer Mischung aus Schulfranzö-
sisch und Deutsch verständigte. So erwies sich ein kleiner, komischer Feldwebel
namens Münch, den die Franzosen duzten, als sehr unpatriotisch. Es war ihm
egal, wer den Krieg gewinnen würde. »Moi, je m'en fous«,[28] erwiderte er, auf die
ständigen Fragen seiner Franzosen reagierend, was den Autor bewegte, unter
Verweis auf einen sächsischen Unteroffizier, Uhrmacher im Zivilberuf, der ein
wenig Französisch verstand, wieder allgemeine charakterliche Eigenschaften der

---

25 Erstaunlich ist, dass französische Kriegsgefangene während des Ersten Weltkriegs in normalen Zugwaggons gemeinsam mit der deutschen Zivilbevölkerung transportiert wurden.
26 Rivière, *L'Allemand*, 36.
27 Ebd., 38.
28 Ebd., 39. Deutsch: »Das geht mir am Arsch vorbei!«

Deutschen zu benennen. Der Unteroffizier hatte, statt auf die beleidigende, auf Französisch formulierte Aussage eines Gefangenen mit Sanktionen zu reagieren, in einem melancholischen und resignierenden Ton geantwortet: »Schon das dritte Mal hat man mich seit heute Morgen wie ein Schwein behandelt!« Rivière konstatierte daraufhin: »Ein unglaublicher Mangel an Rückgrat ist es, was ich zuerst bei den Deutschen glaube zu bemerken.«[29] Diese Leute seien überhaupt nicht sensibel, sie seien nicht ungeduldig, nichts störe sie.[30]

Die registrierte Gleichgültigkeit des Deutschen gegenüber den brennenden Problemen der Kriegszeit und auch gegenüber den französischen Kriegsgefangenen veranlasste den Verfasser daraufhin, seine Verwunderung zum Ausdruck zu bringen. Ein Ereignis im Lager war dafür der Grund. Die reichsdeutsche Heerespropaganda hatte verkündet, dass die deutschen Kriegsgefangenen aus Kamerun in Frankreich misshandelt worden wären. Das hatte die deutsche Regierung zu Gegenmaßregeln gezwungen, die darin bestanden, dass man französische Kriegsgefangene zu Zwangsarbeiten in die Sümpfe von Pommern und in der Nähe von Hannover transportierte.[31] Die Haltung der Lagerverwaltung gegenüber solchen Maßnahmen, die gegen die Haager Landkriegsordnung verstießen, verdeutlichte bei der Verabschiedung der französischen Kriegsgefangenen ein Unteroffizier. Er entschuldigte sich zunächst bei den »amis français« für die zu erwartenden Unannehmlichkeiten. Die Umtriebe der französischen Regierung hätten sie gezwungen, sich von ihnen zu trennen. Doch in dem Lager, in das sie jetzt führen, würden sie ebenso gut wie hier behandelt. Mehr noch: sie würden gesund und fröhlich in diese Lager zurückkehren. Dieses merkwürdige Verhalten der Lagerverwaltung erstaunt Rivière um so sehr, dass er wieder über den von ihm vielfach beklagten Mangel an Hass gegenüber dem französischen Erbfeind nachdenkt. Als der Zug mit den Lagerinsassen durch die Arbeiterviertel von Dresden und Leipzig längs der Eisenbahnschienen fährt, werden die Kriegsgefangenen mit vielen Gesten der Sympathie vor allem von Seiten der dortigen weiblichen Bevölkerung begrüßt. Eine Situation, die ihn so verwundert, dass die Deutschen augenscheinlich unfähig seien, einen echten Zorn auf ihre Feinde zu empfinden. Unter dieser Einsicht leidet er so sehr, dass er den fehlenden Hass mit spontanem, natürlichem Hass gleichsam einfordern möchte. Dabei erweist

29 Ebd., 42.
30 »Un incroyable manque de crête : voila ce que je crois apercevoir d'abord chez l'Allemand.«. Ebd., 42.
31 Vgl. dazu Uta Hinz. *Gefangen im Großen Krieg. Kriegsgefangenschaft in Deutschland 1914–1921.* Essen, 2006 (Dissertation).

sich seine Argumentation wiederum als zweischneidig. Einerseits betont er, dass in keinem der Krieg führenden Länder die Männer nach vier Jahren noch an die Front wollen, andererseits ist er vollkommen verblüfft über die fehlende »kriegerische Leidenschaft des Deutschen«.[32]

Auch im Hinblick auf die widersprüchlichen Handlungsweisen seiner Bewacher steht der Verfasser immer wieder vor Rätseln, die er nicht lösen kann. Der Barackenchef, ein Unteroffizier, schikaniert oft die Kriegsgefangenen. Doch als seine aggressiven Schübe vorbei sind, kann es passieren, dass er Jacques Rivière, der als Dolmetscher fungiert, plötzlich die Freundschaft anbietet, weil sie »weit weg von dem Schlachtfeld«[33] seien. Ein seltsamer Stimmungswandel, den sich der Franzose nicht erklären kann.

Der Deutschenhass: aus französischer und aus deutscher Perspektive

Das mit vielen Widersprüchen zusammengefügte ›Stimmungsbild‹, das sich Rivière von dem Deutschen unter dem Eindruck seiner Beobachtungen macht, erweist sich meiner Ansicht nach als brüchig, weil es von vielen Zweifeln an der Glaubwürdigkeit der Beobachtungen des Autors selbst erfüllt ist. Er glaube nicht an den Sadismus der Deutschen, weil sie zu einfach seien, um Geschmack an dem Leid der anderen zu finden. Sie seien stark, sie seien aus Eisen, verkündet der »Völkerpsychologe« Rivière am Schluss des ersten Kapitels seiner Reflexionen. Darum sei der Kontakt zu ihnen so grob und gefährlich. Mit diesem Pauschalurteil beginnen auch seine Ausführungen im zweiten Kapitel:

> Eine so schwerwiegende Leblosigkeit des Empfindungsvermögens kann nur ihre Nachwirkung auf die Denkfähigkeit haben. Die Gleichgültigkeit des Herzens führt bei dem Deutschen zu einer Unfähigkeit, die Unterschiede zwischen den Ideen zu begreifen und zu einer Abschwächung des Sinns für Werte.[34]

Solche sozialpsychologisch motivierten Vorwürfe gegenüber seinem Beobachtungsgegenstand häufen sich in den folgenden Kommentaren, die meist mit der

---

32 »Mais je doute qu'en aucun pays aucun homme ose étaler, surtout devant les ennemis prisonniers, une telle complète absence de passion belliqueuse que l'Allemand.« Rivière, *L'Allemand*, 48.
33 Ebd., 55.
34 Ebd., 58.

Beschreibung von Episoden und Ereignissen ›unterfüttert‹ sind. Ihr nicht abgesicherter empirischer Befund verweist auf einen Sachverhalt, der im Zusammenhang mit dem seit Beginn des 20. Jahrhunderts sich verstärkenden allgemeinen Deutschenhass der europäischen nationalen Öffentlichkeiten zu argumentieren ist. Der Moralphilosoph Max Scheler hatte bereits in seinen *Politisch-pädagogischen Schriften*[35] mit der 1916 abgeschlossenen Abhandlung über die Ursachen des Deutschenhasses darauf verwiesen, dass der

> wesentliche Kern dieses Hasses [nicht] erst durch den Eintritt des Kriegszustandes
> entstanden sei. Nicht der Krieg hat den Hass hervorgebracht, sondern der längst
> überall glimmende und nur nicht zum offenen Ausdruck kommende Hass gegen
> das deutsche Wesen in allen seinen Erscheinungsformen hat zumindest die seeli-
> schen Dispositionen und Gemütslagen bei den Völkern geschaffen [...].[36]

In seinen weiteren Ausführungen über die Veränderungen in dem versteckten und offenen Hass vieler Europäer gegenüber dem deutschen Wesen behauptet er, dass mit dem Eintritt des Kriegszustandes sich dieser Hass entwickelt habe.[37] Der lange angestaute Hassaffekt habe immer neue »Menschen-, Klassen- und Berufskreise«[38] erfasst, wobei sich der Gegenstand »auch auf deutsche Kultur, Kunst, Wissenschaft, Religion ausbreitete«.[39] Der dann folgende argumentative Sprung zu den militärischen Ursachen des Deutschenhasses im Zusammenhang mit dem Einfall in Belgien und die »schuldhafte Überschreitung des Kriegs-rechtes«[40] verdeutlichen die wenig systematische Auflistung der Hass-Faktoren. Scheler verweist zwar auch auf wirtschaftliche und machtpolitische Wirkkräfte, die den Deutschenhass unter den europäischen Nachbarvölkern zu Beginn des 20. Jahrhunderts verstärkt hätten, doch er spart solche Faktoren wie Kapital-konzentration, Kampf um Absatzmärkte, Konflikte zwischen Kolonialmächten

---

35 Max Scheler. *Gesammelte Werke*. Bd. 4: *Politisch-pädagogische Schriften*. Hg. Manfred S. Frings. Bern, München: A. Francke, 1982. Vgl. dort die Abhandlungen *Europa und der Krieg*, *Der Krieg als Gesamterlebnis* und *Die Ursachen des Deutschenhasses*.

36 Max Scheler. »Die Ursachen des Deutschenhasses. Eine nationalpädagogische Erörterung«. Scheler, *Gesammelte Werke*, 4, 289.

37 Scheler entwickelt zwei weitere Argumentationsfelder für die Ursachen des Deutschenhasses (vgl. ebd., 288ff.), die ich in meiner Kritik an Schelers Position nicht berücksichtige.

38 Ebd., 289.

39 Ebd., 290.

40 Ebd., 290.

etc. in seiner moral- und völkerpsychologischen Argumentation aus. Wolfgang Schivelbusch räumt in seiner Studie *Die Kultur der Niederlage*[41] ausdrücklich ein, dass der Deutschenhass bei Scheler die Reaktion der alten Rentier-Nationen Westeuropas gewesen sei, »die gegenüber dem Neuankömmling Deutschland mit seinem Arbeitsethos, seiner Arbeitsdisziplin und seinen Dumpingpreisen das Ressentiment der ›Vertreibung aus dem Paradies‹ entwickelten.«[42]

Jacques Rivière aber, der als Kriegsgefangener mit vielen Ressentiments gegenüber den »boches« versehen zwar Einblick in die Kriegspropaganda der kaiserdeutschen Zeitungen hatte, doch nur eingeschränktes Wissen von ablaufenden intellektuellen Diskursen in Frankreich und Deutschland hatte, konnte solche Argumentationsstränge in seine Betrachtungen ›des‹ Deutschen nur in Einzelfällen aufnehmen.[43] Nicht zuletzt aus diesem Grund besteht der wesentliche Teil seiner Abhandlung auf einer völkerpsychologisch untermauerten Bewertung, die, wie Hans Manfred Bock in seiner Studie[44] behauptet, mit abstrakten Kategorien das »Kräfteverhältnis von friedlichen und aggressiven Elementen im Inneren Deutschlands«[45] beurteilte. Inwieweit seine Erfahrungen mit dem ›Erzfeind‹ von Gefühlen der Demütigung dominiert waren oder ob sie die Grundlagen für den Anfang einer Aussöhnung zwischen Frankreich und Deutschland bildeten, kann deshalb nur unter drei Aspekten bewertet werden. Zum einen ist die umfangreiche Studie von Jacques Rivière unter dem Blickwinkel ihres eingeschränkten analytischen Potentials zu untersuchen, was in meinen Ausführungen ansatzweise geleistet wird. Zum anderen ist mit dem Blick auf weitere französische Quellen in Betracht zu ziehen, inwieweit in diesen Zeugnissen, die zwischen Demütigung und versuchter Aussöhnung schwankten, neue Einstellungen gegenüber den nach 1918 ebenfalls gedemütigten Deutschen zu erkennen waren.[46] Und zum dritten: Inwiefern hat Jacques Rivière als Chef-

---

41 Wolfgang Schivelbusch. *Die Kultur der Niederlage. Der amerikanische Süden 1865. Frankreich 1871. Deutschland 1918*. Berlin: Fest, 2001, 261.

42 Schivelbusch, 424, Anm. 89.

43 Vgl. La deuxième partie de *l'Allemand* mit der Bewertung von Paul Natorp *Deutscher Wille des Kunstwarts* im 2. Novemberheft 1915.

44 Hans Manfred Bock. *Kulturelle Wegbereiter politischer Konfliktlösungen. Mittler zwischen Deutschland und Frankreich in der ersten Hälfte des 20. Jahrhunderts*. Tübingen: Gunter Narr, 2005, 88ff.

45 Bock, 288.

46 Vgl. die neuere Arbeit von Delafaite, *Die französischen Kriegsgefangenen*. Dort mit Verweisen auf Gaston Riou, Jacques Rivière und Henri Barbusse.

redakteur der *Nouvelle Revue Française* zwischen 1919 und 1925 seine demütigenden Erfahrungen aus dem Krieg mit den Deutschen, sein von einem extremen Nationalismus geprägtes Bild[47] einem Lernprozess ausgesetzt? Das durch neuere Untersuchungen abgesicherte Ergebnis bestätigt meine hypothetischen Annahmen auf der Grundlage der Textanalysen. Jacques Rivière ist als einer der Vorreiter europäischer Integration und der deutsch-französischen Aussöhnung zu betrachten, wie Volker Steinkamp in seiner Studie *Die Europa-Debatte deutscher und französischer Intellektueller*[48] nachweist. In einem Artikel seiner Zeitschrift vom November 1922 sieht Rivière Europa nach dem Ersten Weltkrieg vor eine klare Alternative zwischen Untergang und Zusammenarbeit gestellt:

> Wenn der Begriff Europa, wenn der Wille Europa, neu zu bauen, keinen Eingang mehr findet in das Denken der Staatsmänner, dann wird Europa selbst untergehen.[49]

Dass Rivière sich zu einer solchen europäischen Perspektive im Kontext der französischen Politik der politischen Demütigung und der wirtschaftlichen Schädigung Deutschlands vor dem Hintergrund der Besetzung des Ruhrgebiets durchringt und damit seine einstige nationalistische Haltung überwindet, zeichnet ihn als einen Intellektuellen aus, der aus der Barbarei des Ersten Weltkrieges seine Lehren gezogen hat.

---

47 Der renommierte Romanist Robert Curtius, Wegbereiter des Dialogs zwischen Deutschland und Frankreich, hatte Rivière beschuldigt, mit seiner Schrift *L'Allemand* einen Hassgesang auf Deutschland zu inszenieren. Vgl. Bock, 300.

48 Volker Steinkamp. *Die Europa-Debatte deutscher und französischer Intellektueller nach dem Ersten Weltkrieg. Discussion Paper.* Bonn: Zentrum für Europäische Integrationsforschung, 1999.

49 Jacques Rivière. *Une conscience européenne 1916–1924.* Hg. Yves Rey-Herme. Paris, 1992, 188. Zit. nach Steinkamp, 14.

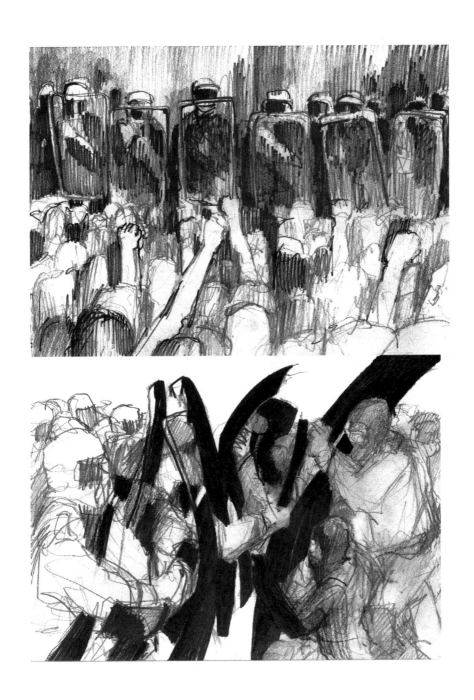

Aus der Serie *one shock every day*. Barbara Hlali, 2009.

Hartmut Hoefer

Krieg und Frieden bei Hermann Hesse

Bewundert viel und kaum gescholten – vom deutschen Bildungsbürgertum bis zur US-amerikanischen Make-love-not-war Peace Generation: Hermann Hesse. Aber ist Hesse nicht doch ein Liebhaber von Gewalt? Thematisiert werden Literaturbeispiele zwischen dem 1. und 2. Weltkrieg, u.a. der Roman »Demian« mit seinem Lob des Krieges als »innerem Erlebnis« im Sinne Ernst Jüngers.

So wurde der Vortrag im Tagungsprogrammheft angekündigt. Das ist ein Text, der reichlich verknappt meinen für das Programm erbetenen Kommentar raffte. Im Original gibt es zusätzliche Verweise auf Hesse als den gern so gehandelten Dichter der Suchenden (oft für Todesanzeigen ausgewählt bei der Sinnsuche der Überlebenden, ähnlich wie St. Exupéry, Thornton Wilder, Herbert Grönemeyer und Dietrich Bonhoeffer; bei Hesse meist das Gedicht *Stufen*) und als Pazifist (so der Gebrauch, den die US-Jugend um 1968/70 herum z.B. von ihm in ihrer Abgrenzung vom Vietnamkrieg machte. Hingewiesen sei etwa auf *Easy Rider*, Kultfilm damals mit der Musik u.a. der Gruppe »Steppenwolf«, dem Song *Flow, river, flow* und seinen Hippie-Rückbezügen auf Hesses *Siddharta*).

Als Pazifisten sah ihn auch schon im Ersten Weltkrieg der damalige Pazifist und Journalist Theodor Heuss – später dann, 1933, stimmte er dem Ermächtigungsgesetz der Nazis zu und wurde 1949 erster Bundespräsident der BRD. Heuss also sah Hesse, der als vaterlandsloser Geselle und Drückeberger öffentlich beschimpft wurde, weil er nicht im Felde stand, als Pazifisten, verteidigte und lobte ihn. Jene Verunglimpfung hatte sich Hesse am 24.10.1915 im *Kölner Tageblatt* zugezogen. Berechtigt war diese Verunglimpfung nicht. Hesse hatte als deutscher Staatsbürger, wenn auch 1914 schon seit zwei Jahren in der Schweiz lebend, sich zum Kriegsbeginn »nicht den Pflichten, die ihn als deutschen Staatsbürger betrafen, entzogen und bot sich, als er mit dem Landsturm auf dem Berner Konsulat gemustert wurde, als Freiwilliger an. Seine Bewerbung fand Ablehnung, er wurde zurückgestellt, doch etwas später der Deutschen Botschaft in

Bern zum Dienst in der Kriegsgefangenenfürsorge zugewiesen.«[1] Dafür wurde
ihm kaiserlicher Dank ausgesprochen. Ich füge den Dankesbrief bei:

Kaiserlich Deutsche Gesandtschaft   Bern, den 3. November
1915

Sehr geehrter Herr Hesse!

Auf Ihren Wunsch bestätige ich Ihnen gerne, dass Sie, nachdem Sie sich bei Kriegs-
sausbruche freiwillig zum Waffendienste gemeldet hatten und nicht angenommen
worden waren, seitdem Ihre Arbeit einer Reihe von mit dem Kriege zusammen-
hängenden deutschen Wohltätigkeitsveranstaltungen, insbesondere der deutschen
Kriegsgefangenenfürsorge gewidmet haben und aus diesen Gründen vom hiesigen
kaiserlichen Konsulate bis zum 31. Dezember 1915 zurückgestellt worden sind.

    Indem ich Ihrer Hauptarbeit, für unsere Kriegsgefangenen in Frankreich eine
Zeitschrift herauszugeben, den besten Erfolg wünsche, bin ich

Ihr sehr ergebener
(...................)
Kaiserlicher Gesandter[2]

**Heuss bezieht sich bei seiner Hesse-Verteidigung auf die Kritik an dessen Beitrag
Wieder in Deutschland in der *Neuen Zürcher Zeitung* vom 10.10.1915 (ähnlich
kritisch zum Krieg wie hier hatte sich Hesse schon am 03.11.1914 in der *NZZ*
geäußert). Ich zitiere Theodor Heuss vom 01.11.1915 aus der *Neckar-Zeitung*:**

[...] ja nun, wenn der reichste Besitz eines Volkes seine Sprache ist, so scheint mir
der ein Mehrer vaterländischen Gutes zu sein, der in dieser Sprache schöne, edle,
wahre Gefühle ausspricht. Wir wollen vom Dichter Hesse und seiner Wertung hier
gar nicht reden. Nur dies sagen, dass in dem unverdorbenen Wohllaut seiner Sprache bestes altes deutsches Gut gefasst ist, und dass er auch, indem er sich nicht auf
das Besingen des Krieges warf, sondern keusch und ehrlich in den Grenzen seiner
Natur blieb, mitten im Krieg am reinsten unverdorbene Kunst schuf, die nicht im
Zeitgeschehen, sondern in einer Seele verankert war. [...] Und gegenwärtig: Hesse

---

1 Bernhard Zeller. *Hermann Hesse*. Reinbek bei Hamburg: rowohlt, 1995 (rm 85), 71.
2 Volker Michels (Hg.). *Hermann Hesse*. Frankfurt/Main: Suhrkamp, 1979 (insel tb 1111),
147.

organisiert im Einverständnis mit den deutschen Behörden die Versorgung unserer Kriegsgefangenen mit Büchern.[3]

Zum letzten: Ja, das stimmt, wie der oben zitierte Brief der Gesandtschaft zeigt. Hesse war jahrelang in der Fürsorge von deutschen Kriegsgefangenen tätig, indem er z.B. über die neutrale Schweiz gefangene Soldaten mit schöner Literatur versorgte – hoffentlich nicht mit Rilkes *Weise von Liebe und Tod des Cornets Christoph Rilke*, einem Büchlein, das junge Leutnants im Ersten Weltkrieg angeblich aus freien Stücken im Tornister mit sich führten und das den Krieg verherrlichte.

Dass aber Heuss Hesses »unverdorbenen Wohllaut« seiner Sprache, in der er »schöne, edle, wahre Gefühle« im Krieg ausspricht, rühmt, scheint mir nicht so klug geurteilt, denkt man etwa an Verse wie die von Hesse:

> Heute nun, da die Geschütze krachen,
> Fast vergess'nen Kriegsgotts Fahne glüht,
> Seh' ich Brüder, die mich sonst verlachen,
> Froh zum Heldensinne aufgeblüht.[4]

von 1914, kurz nach Kriegsbeginn, oder an den Roman *Demian* 1917/19 über Soldaten, die – Lebende und Sterbende – »sich dem Schicksalswillen prachtvoll nähern«.[5]

Gegenüber seinen politischen Zeitungsbeiträgen zeigt er sich in seinen Dichtungen fasziniert vom Krieg. Doch wird er gern als Pazifist gesehen: Hesse, ein Dichter, der mitten im Krieg »keusch und ehrlich« »reinste unverdorbene Kunst« schuf. Aber nein: Gegen den ordinären Krieg schrieb er als Feuilletonist fürs breitere öffentliche Publikum, für sein eigenes Lesepublikum als Dichter dagegen fein erdachtes höheres Lob von Gewalt, Kampf und Krieg als innerer Bewegung hin zu neuem, intensiverem Leben: Durchaus im Zuge des »Oh Mensch«-Pathos der Expressionisten, auch wenn es daneben immer wieder an der Oberfläche Antikriegslyrik gab. Schließlich teilt mein ursprünglicher Kommentar mit, dass es sich bei meinen Ausführungen um abweichende Meinungen zu Hermann Hesse handeln wird, nämlich bezüglich dessen Einstellung zur Gewalt, die ihn

3 Theodor Heuss. »Hermann Hesse, der ›vaterlandslose Gesell‹«. *Neckar-Zeitung* (Heilbronn), 01.11.1915. In: Volker Michels (Hg.). *Hermann Hesse. Politik des Gewissens.* Bd. 1. Frankfurt/Main: Suhrkamp, 1977, 118.

4 Hermann Hesse. »Der Künstler an die Krieger«. Thomas Anz (Hg.). *Die Dichter und der Krieg.* München, Wien: Hanser, 1982, 59.

5 Hermann Hesse. *Demian.* O.O.: Suhrkamp, 1962, 210.

sowohl in Liebesdingen wie Kriegsangelegenheiten (love not war) als jemanden zeigt, der fasziniert von Gewalt ist und so zu ihrem Liebhaber wird. Im Blick auf den Krieg geht das ganz jüngerförmig: Kampf als inneres Erlebnis, und ganz heraklitförmig: Krieg als Vater aller Dinge.

Wie Gewalt und Krieg in Dichterköpfen, hier bei Hesse, entstehen, soll gezeigt werden, obwohl sie, so meine These, tatsächlich eben nicht dort, sondern in ökonomischen und politischen Machtinteressen ihren Grund haben.

Im wahren Leben könnten wir gelernt haben, dass Kriege ja wohl eher durch handgreifliche territoriale und ökonomische Interessen entstehen, selbst dann, wenn die Kriege als religiöse, ja heilige Kriege firmieren – bei Christen, Muslims und sonstwo – vom Dreißigjährigen Krieg, dem Osnabrück sich als Friedensstadt verdankt, bis heute im Irak oder Afghanistan.

Dass und wie Gewalt jedoch in »unverdorbenen« (Heuss) Dichterköpfen entsteht, zeigt Hermann Hesse eindrucksvoll, nicht nur in Kriegs-, sondern auch in Liebesdingen: Zwar folgt kein realer Krieg daraus, aber es zeigt sich, wie ein Friedensdichter denn doch die Quelle höchsten Glücks in der Gewalt entdeckt.

Bei Hesses Gewaltphantasien, seiner Lust an Gewalt in Liebesdingen geht es in Gedichten und Romanen oft um Vergewaltigungen, Missbrauch, Mordlust und bestialisches Töten, das nicht aufhören mag, im Verbund mit phallischen Männerlüsten, die allesamt amüsiert goutiert (von Männern) oder bejubelt (von Frauen) und bewundert (von Männern) werden. Als Beispiele seien erwähnt die Romane *Narziss und Goldmund* und *Der Steppenwolf* – es finden sich jeweils lustvolle Tötungsaktionen in Liebesverhältnissen – sowie Lyrik etwa aus dem *Steppenwolf* und speziell das Gedicht *Der Mann von fünfzig Jahren*.

Dabei sind wir Leser uns ja doch ziemlich sicher, dass diese Gewalt nur im Kopf, dem Vorstellungsrepertoire, hier dem Hesses, existiert und damit nicht das Vernichten und Töten beginnt. Vielmehr bleibt es hier bei schöner Literatur im Themenbereich von Privatverhältnissen: Küsse, Bisse, Risse, es bleibt bei der Welt als Wille und Vorstellung.

Es ist zu überlegen, ob es das Gleiche ist, wenn die ästhetische Lust an der Gewalt, am Töten und Getötetwerden sich vom Privaten ins Gesellschaftliche, die »Welt«, wie es am Ende von Hesses Roman *Demian* (1917/19) heißt, ausdehnt: Der Krieg als »Ausstrahlung des Innern« war nötig, denn »die Welt musste in Trümmer gehen«, »um neu geboren werden zu können«.[6] Kriegswahrheit: Allein an der Somme sind von Juli bis November 1916 weit mehr als eine Million Soldaten getötet worden. Dort teilt im Jahr 2008 *The Visitor's Guide to the Battlefields* mit: »Of approximately three million men in the line during this period, some

6 Ebd., 211.

1.2 million were killed, wounded or missing in action«,[7] und diese Zahl gilt nur für die Briten. Dafür haben sie ihre »memorials« erhalten, z.B. das kunstvolle art-deco-Monument des britischen Architekten Lutyens in Thiepval. In Guillemont, wo Ernst Jünger »im Felde stand« (s. *In Stahlgewittern*), ist aktuell eine Straße in »rue Ernst Jünger« umbenannt worden. Im Falle Remarque ist mir Vergleichbares nicht bekannt. Das sind schöne Vorbereitungen für den Tourismus anlässlich der 100-Jahr-Feier der Somme-Schlacht im Jahr 2016.

An ein paar Texten von Hesse möchte ich zeigen, wie er den Krieg einerseits als inneres Erlebnis feiern konnte – strukturell Ernst Jünger verwandt, andererseits ihn zum Vater aller Dinge erklären konnte, in alter Heraklittradition.

Zunächst ein Gedicht von ihm, erstmals am 09.01.1915 im *Tag* erschienen, wenn auch schon im Herbst 1914 geschrieben. Es ist betitelt *Der Künstler an die Krieger.*

Nie begehr' ich ein Gewehr zu tragen,
Nicht nach außen ist mein Sinn gewandt,
Lasst mich still in ungestörten Tagen
Bilden an den Werken meiner Hand.

Krieg und Opfer sind mir längst Vertraute,
Satter Friede war noch nie mein Ziel,
Seit ich meine ersten Träume schaute,
Seit der erste Schleier vor mir fiel.

Wunden trag' ich, die kein Speer gerissen,
Und geopfert lag ich tausendmal,
Rang um Gott mit blutendem Gewissen,
Lag gefesselt in des Jammers Tal.

Heute nun, da die Geschütze krachen,
Fast vergess'nen Kriegsgotts Fahne glüht,
Seh' ich Brüder, die mich sonst verlachen,
Froh zum Heldensinne aufgeblüht.

Die in finstrer Fron am Karren zogen,
Denen trüb ein feiges Wohlsein rann,

---

7   Comité du Tourisme de la Somme (Hg.). *The Visitor's Guide to the Battlefields.* Amiens, [2008], 7.

Alle sind dem Alltag jetzt entflogen,
Jeder ward ein Künstler, Held und Mann.

Manchem, dem vor kleinstem Abgrund graute,
Blicken jetzt die Augen schicksalshell,
Weil er hundertmal den Tod erschaute,
Fließt ihm tiefer nun des Lebens Quell.

Wem das Leben hoch wie euch gebrandet,
Dem ist heilig, was der Gott uns gibt –
Die ihr draußen in den Schlachten standet,
Seid mir Brüder nun und neu geliebt![8]

In einem Leserbrief vom 03.02.1915 in der Berliner *Neuen Preußischen Zeitung* wirft ein deutscher Offizier Hesse wegen dieses Gedichts Künstlerhochmut vor. Er hatte wohl nicht Unrecht, so falsch auch seine weiteren Ideen über die zu erbringende »wirkliche Tat« eines Dichters auf dem Schlachtfeld sein mögen, nein sind. Aber Künstlerhochmut ist gut beobachtet.[9]

Wortstatistisch dominiert das Personalpronomen »Ich« mit seinen Derivaten. Schon der Gestus des Titels ist von Dichterhochmut bestimmt: Die stummen »Krieger« brauchen offenbar das Wort des Dichters (nichts Neues, das kennen wir: Goethe, *Tasso*: »Und wenn der Mensch in seinem Schmerz verstummt, gab mir ein Gott zu sagen, wie ich leide.«; Rilke, *Duineser Elegien*: Der Dichter muss dem Engel die Dinge sagen, auf dass er sie Gott mitteile, der die Dinge seiner Schöpfung vergessen hat; Hölderlin, *Andenken*: »Was bleibet aber stiften die Dichter«). Dass er, der Dichter, nicht so ganz im historischen Jetzt Bescheid weiß, zeigt im Übrigen die Wahl des archaisierenden Wortes »Krieger« für »Soldaten« – da war Büchner 80 Jahre früher im *Hessischen Landboten* schon genauer, wenn er schrieb, dass die Angehörigen des Militärs »gesetzliche Mörder« seien; Tucholsky griff dies in seinem Diktum, Soldaten seien Mörder, auf. Hesse bleibt beim zeitlosen »Krieger«, übrigens auch nach Kriegsende 1945 in seinem Gedicht *Dem Frieden entgegen*.[10] Dieses Gedicht ist nun vollends Ausdruck kompletten Unwissens über den Krieg. Man lese es nach.

---

8 Anz (Hg.), *Die Dichter und der Krieg*, 59f.
9 Michels (Hg.), *Hermann Hesse*, Bd. 1, 50f.
10 Kurt Fassmann (Hg.). *Gedichte gegen den Krieg*. München: 2001, 1961, 210. Ich drucke das Gedicht in der um seine zwei letzten Verse erweiterten Fassung ab:

In den ersten drei Strophen seines Gedichts *Der Künstler an die Krieger* macht Hesse einen elitären Außen-Innen-Gegensatz auf, indem er sich als inneren Krieger, inneres Opfer, inneren Verwundeten, Gefesselten und Blutenden im inneren Jammertal rühmt. Wer so das Leiden kennt wie er, braucht nicht aufs Schlachtfeld: Ihm ist ja der Kampf als inneres Erlebnis längst vertraut.

Der Normalmensch dagegen, weit unter seinem, des Dichters, Niveau, wird nun aber und erst jetzt, da »die Geschütze krachen« und des »Kriegsgotts Fahne glüht« ihm zum Bruder als Kriegsopfer, und zwar »froh zum Heldensinne aufgeblüht«. Während den Normalbürgern, ehe sie Soldat wurden, arrogant vorgeworfen wird, dass ihnen, anders als dem innerlich immer schon blutenden Dichter, tagtäglich nur »trüb ein feiges Wohlsein rann« (spätrömische Dekadenz!),

Dem Frieden entgegen

Aus Hasstraum und Blutrausch
Erwachend, blind noch und taub
Vom Blitz und tödlichen Lärm des Krieges,
Alles Grauenhafte gewohnt,
Lassen von ihren Waffen,
Von ihrem furchtbaren Tagwerk
Die ermüdeten Krieger.

»Friede« tönt es
Wie aus Märchen, aus Kinderträumen her.
»Friede«. Und kaum zu freuen
Wagt sich das Herz, ihm sind näher die Tränen.

Arme Menschen wir,
So des Guten wie des Bösen fähig,
Tiere und Götter. Wie drückt das Weh,
Drückt die Scham uns heut zu Boden.

Aber wir hoffen. Und in der Brust
Lebt uns glühende Ahnung
Von den Wundern der Liebe.
Brüder! Uns steht zum Geiste,
Steht zur Liebe die Heimkehr
Und zu allen verlorenen
Paradiesen die Pforte offen.

Wollet! Hoffet! Liebet!
Und die Erde gehört euch wieder.

dieweil sie »in finstrer Fron am Karren zogen« – wer hat sie denn ins Joch gespannt, Herr Hesse? Nachlesen bei Büchner im *Hessischen Landboten*! Was lesen wir da? »Der Bauer geht hinter dem Pflug, der Vornehme [die honnets gens, die Geldbesitzer und bourgeois, HH] aber geht hinter ihm und dem Pflug und treibt ihn mit den Ochsen am Pflug«[11] als »bewegliches Kapital« – also, während Otto Normalverbraucher Stumpfsinn und feiges Wohlsein, das er im Alltag gern hätte, vorgeworfen wird, hat er nun, im Krieg und offenbar nur dank des Krieges, das Glück, zum anerkannten und geliebten Bruder des Künstlers/Helden/Mannes, des Dichters befördert zu sein.

Jetzt sind die Krieger zu welchen geworden, denen dank des Krieges und nur deshalb »das Leben hoch gebrandet« hat (Vergangenheit!), eben weil sie »draußen in den Schlachten standen«(Vergangenheit!), haben sie empfangen, »was der Gott uns gibt«: Krieg, Opfer, Wunden, Blut, Jammer, Tod (Vergangenheit!). Darin sind sie zum neuen Leben erblüht, als tote Soldaten.

Ja, wir können wissen, dass darin das expressionistische »Oh Mensch«-Pathos tönt, dem so manche Dichter jener Zeit verfallen waren. Davon legte auch jüngst die einschlägige Ausstellung im Remarque-Friedenszentrum am Osnabrücker Markt Zeugnis ab. Aber Epoche hin, Epoche her – der grausige Befund bleibt: Kampf als inneres Erlebnis und der Krieg werden gerühmt, weil nur daraus ein neues, höheres Menschentum erwachse.

Noch 1919 insistiert Hesse in seiner Schrift *Zarathustras Wiederkehr. Ein Wort an die deutsche Jugend. Von einem Deutschen* auf der Einheit von Leiden und Erhöhung des Lebens.

> Aus Leiden kommt Kraft, aus Leiden kommt Gesundheit. Es sind immer die gesunden Menschen, welche plötzlich umfallen und an einem Luftzug sterben. Es sind die, welche nicht leiden gelernt haben, Leiden macht zäh, Leiden stählt. [...] Denn die Tat, die gute und strahlende Tat, meine Freunde, die kommt nicht aus dem Tun, nicht aus der Betriebsamkeit, nicht aus dem Fleiß und Gehämmer. Sie wächst einsam auf Bergen, sie wächst auf Gipfeln, wo Stille und Gefahr ist. Sie wächst aus Leiden, die ihr erst noch müsset leiden lernen.[12]

Exorbitant, exklusiv, elitär, stählern, kriegsverliebt: stählerne Romantik.

Ich komme zum zweiten Hesse-Text über den Krieg als Vater aller Dinge und den Kampf als inneres Erlebnis. Es handelt sich um die ebenfalls expressionistisch geprägte Schlusspassage aus seinem 1919 veröffentlichten Roman *Demian*.

---

11 Georg Büchner. *Werke und Briefe*. Hg. von Werner R. Lehmann. München: dtv, 1980, 210.
12 Michels (Hg.), *Hermann Hesse*, Bd. 1, 290.

Es war schon beinahe Winter, als ich ins Feld kam. Im Anfang war ich, trotz der Sensationen der Schießerei, von allem enttäuscht. Früher hatte ich viel darüber nachgedacht, warum so äußerst selten ein Mensch für ein Ideal zu leben vermöge. Jetzt sah ich, dass viele, ja alle Menschen fähig sind, für ein Ideal zu sterben. Nur durfte es kein persönliches, kein freies, kein gewähltes Ideal sein, es musste ein gemeinsames und übernommenes sein.

Mit der Zeit sah ich aber, dass ich die Menschen unterschätzt hatte. So sehr der Dienst und die gemeinsame Gefahr sie uniformierte, ich sah doch viele, Lebende und Sterbende, sich dem Schicksalswillen prachtvoll nähern. Viele, sehr viele hatten nicht nur beim Angriff, sondern zu jeder Zeit den festen, fernen, ein wenig wie besessenen Blick, der nichts von Zielen weiß und volles Hingegebensein an das Ungeheure bedeutet. Mochten diese glauben und meinen, was immer sie wollten – sie waren bereit, sie waren brauchbar, aus ihnen würde sich Zukunft formen lassen. Und je starrer die Welt auf Krieg und Heldentum, auf Ehre und andre alte Ideale eingestellt schien, je ferner und unwahrscheinlicher jede Stimme scheinbarer Menschlichkeit klang, dies war alles nur die Oberfläche, ebenso wie die Frage nach den äußeren und politischen Zielen des Krieges nur Oberfläche blieb. In der Tiefe war etwas im Werden. Etwas wie eine neue Menschlichkeit. Denn viele konnte ich sehen, und mancher von ihnen starb an meiner Seite – denen war gefühlhaft die Einsicht geworden, dass Hass und Wut, Totschlagen und Vernichten nicht an die Objekte geknüpft waren. Nein, die Objekte, ebenso wie die Ziele, waren ganz zufällig. Die Urgefühle, auch die wildesten, galten nicht dem Feinde, ihr blutiges Werk war nur Ausstrahlung des Innern, der in sich zerspaltenen Seele, welche rasen und töten, vernichten und sterben wollte, um neu geboren werden zu können. Es kämpfte sich ein Riesenvogel aus dem Ei, und das Ei war die Welt, und die Welt musste in Trümmer gehen.[13]

Mag man den Anfang dieser Schlusspassage des Romans zunächst als lediglich realistisch ansehen – aber auch Jüngers *In Stahlgewittern* wird sehr oft fälschlich als photorealistisch ausgegeben und nicht als Kriegsverklärung begriffen –, spätestens bei Hesses uns auch aus dem Gedicht *Der Künstler an die Krieger* vertrautem kriegsverliebten Bild vom »Schicksalswillen«, dem sich »Lebende wie Sterbende« »prachtvoll nähern«, wie sie als Krieger im Gedicht mit »schicksalshellen« Augen »froh zum Heldensinne aufgeblüht« »hundertmal den Tod erschauten«, wird klar, dass hier Kriegsfaszination herrscht.

Sehen die Gesichter der »vielen, sehr vielen«, die sich so prachtvoll dem Schicksalswillen nähern, mit ihrem »festen, fernen, ein wenig wie besessenen

---

13 Hesse, *Demian*, 210f.

Blick« nicht schon aus wie Brekers Männersoldatengesichter an den Monumentalskulpturen des »Dritten Reiches«?

Hesse nennt diese »vielen« im Roman »bereit« und »brauchbar«, »aus ihnen würde sich Zukunft formen lassen« – welche auch immer. Auch der Lobgesang auf »gefühlhafte Einsicht«, ein unziemlicher Irrationalismus, gekoppelt an die Faszination der »Urgefühle, auch der wildesten«, – man vergleiche Ernst Jüngers Begeisterung für den »Landsknecht« in seinem Essay *Der Kampf als inneres Erlebnis* – zeigt die Hingerissenheit Hesses angesichts des Krieges. Dass ihm der Krieg der Vater aller Dinge ist, wird vollends darin klar, dass er diese Erzählpassage mit dem zentralen positiven Abraxas-Bild des Romans beendet: Auferstehung durch Zertrümmerung.

Fassen wir zusammen: An der Oberfläche des Krieges mag manches bröckelig und nicht so schön gewesen sein, enttäuscht mag man als Krieger zuerst gewesen sein, in der Tiefe aber wuchsen prachtvoll Schicksalswille, fester, ferner, besessener Blick, Zukunftsformung, Verzicht auf Partialziele billiger, privater Art, neue Menschlichkeit, gefühlhafte Einsicht, Ausleben von Urgefühlen auch wildester Art.

Das heißt für Hesse: So ist der Mensch. Ihn zeichnet seine zerspaltene Seele aus, und das ist auch gut so, denn wer immer strebend sich bemüht, den können wir erlösen. Denn alles dient dem großen Ziel, »neu geboren werden zu können« zugunsten einer neuen Menschlichkeit. Der Krieg ist der Vater aller Dinge, in seinem Verlauf gewinnen wir ein inneres Erlebnis: Ein Riesenvogel zu sein, der sich aus dem Ei kämpft, welches (das Ei als Welt) in Trümmer geschlagen werden muss. Sinclairs, des Romanhelden, Ende, dargelegt auf den dem zitierten Text noch folgenden drei Seiten des Buches, zeigt: Krieg ist die Voraussetzung fürs Reifen und Erwachsenwerden im Sinne eines höheren Menschentums.

Hermann Hesse: Gegen den Krieg in seinen Niederungen, zugleich Apotheose des Kriegs im höheren Sinn. So viel zum Lob des Krieges bei Hesse.

Die Remarque-Tagung 2010 hatte das Thema »Krieg beginnt in den Köpfen«. Wir wissen, dass das Spektrum von Auskünften über Grund und Anfang von Krieg breit ist. Bei Goethe heißt es in den *Xenien* dazu: »Keiner bescheidet sich gern mit dem Teile, der ihm gebühret,/und so habt ihr den Stoff immer und ewig zum Krieg.«[14] Nicht im Kopf, sondern im Besitzinteresse entsteht er immer wieder.

In Brechts *Deutscher Kriegsfibel* über den Krieg, den die Oberen führen, lesen wir:

14 Johann Wolfgang Goethe. *Werke*. HA Bd. 1, hg. von Erich Trunz. Hamburg: Wegner, 1962, 228 (Xenie 142).

[...] ihr Friede und ihr Krieg/
Sind wie Wind und Sturm./
Der Krieg wächst aus ihrem Frieden/
Wie der Sohn aus der Mutter./
Er trägt ihre schrecklichen Züge.[15]

Für Brecht ist der Krieg eingebettet in ein umfassendes Töten. Der Krieg ist nur Fortsetzung des Friedens. Dazu heißt es in Brechts *Me-ti, Buch der Wendungen*:

Es gibt viele Arten zu töten. Man kann einem ein Messer in den Bauch stechen, einem das Brot entziehen, einen von einer Krankheit nicht heilen, einen in eine schlechte Wohnung stecken, einen durch Arbeit zu Tode schinden, einen zum Selbstmord treiben, einen in den Krieg führen u.s.w.. Nur weniges davon ist in unserem Staate verboten.[16]

Enzensberger erklärt den Krieg aus der Sozialpartnerschaft in der Rüstungsindustrie[17] zwischen Staat/Kapital und korrumpierten Staatsdienern/Werktätigen.

---

15 Bertolt Brecht. »Deutsche Kriegsfibel«. Bertolt Brecht. *Gesammelte Werke*. Bd. 9. Frankfurt/Main: Suhrkamp, 1967, 635.
16 Bertolt Brecht. »Me-ti. Buch der Wendungen«. Brecht, Gesammelte Werke, Bd. 12, 466.
17 Hans Magnus Enzensberger. »Sozialpartner in der Rüstungsindustrie«. Fassmann (Hg.), *Gedichte gegen den Krieg*, 282. Ich drucke das Gedicht ab:

SOZIALPARTNER IN DER RÜSTUNGSINDUSTRIE
        ein anblick zum zähneknirschen sind
            die fetten eber auf den terrassen
    teurer hotels, auf den golfplätzen
    sich erholend von mast und diebstahl
    die lieblinge gottes.

            schwerer
    bist du zu ertragen, niemand
    im windigen trenchcoat, bohrer,
    kleinbürger, büttel, assessor, stift,
    trister dein gelbes gesicht:

    verdorben, jeder nasführung aus-
    geliefert, ein hut voll mutlosen winds,
    eigener handschellen schmied,
    geburtshelfer eigenen tods,

Am weitesten entfernt von dem klugen, etwas älteren Satz, dass das Sein das Bewusstsein bestimme, ist die Auskunft unseres Tagungsthemas, bei der UNO-Charta 1948 geborgt: Krieg beginne in den Köpfen, das Bewusstsein bestimme unser Sein. Dieser Idee habe ich in meinem Beitrag widersprochen.

Der Krieg beginnt nicht in den Köpfen. Aber viele, auch Dichter, die vielleicht besonders leicht, geraten in Zeiten seiner Vorbereitung (übrigens, nach Brecht, ist der herrschende Frieden der Herrschenden ja selbst nichts anderes als Vorbereitung des Kriegs. Das wusste auch so mancher Barockdichter bereits, etwa Johann Rist 1649, nach dem Abschluss des Westfälischen Friedens), und nicht nur in Zeiten seiner Vorbereitung, sondern auch während seiner Durchführung durch die Kriegsherren in seinen Sog und machen sich in ihren Köpfen einen Reim auf ihn – inneres Erlebnis, er entstehe in den Köpfen, er sei der Vater aller Dinge, nach ihm stehe das Paradies offen (so Hesse im Mai 1945)[18] – alles arg falsch gereimt, wenn auch das Reimwort »Sieg« auf »Krieg« dazu verführen mag.

Zwar führen solche Ideen nicht zum Krieg, sondern begleiten ihn nur, aber man muss dennoch gegen sie angehen. Zwar ist wahrscheinlich, dass die Gewaltphantasien in den Köpfen nur Flausen sind und aus ihnen kein Krieg beginnt, doch sind sie dennoch schädlich. Es gehört nicht viel Mühe dazu zu wissen, dass Kriege aus territorialen und ökonomischen Staats- und Wirtschaftsinteressen entstehen. Die Erklärung des Kriegs als Kopfgeburt ist falsch und irreführend.

Hesse verwandelt den Krieg und die Gründe für ihn in quasi anthropologische Grundbefindlichkeiten des Menschen, der in sich gespalten sei. Im *Steppenwolf* schwankt der Dichter zwischen zwei und tausend Seelen. Der Mensch habe die »Gottesspur« in sich in Form von Mozart und Goethe und das »Wölfische«, also Urgefühle wie »Hasstraum« und »Blutrausch« (1945, s.Anm.18), Hass, Wut,

konditor des gifts, das dir selbst
wird gelegt werden.

   freilich
versprechen dir viele, abzuschaffen
den mord, gegen ihn zu feld zu ziehn
fordern dich auf die mörder.
nicht die untat wird die partie
verlieren: du: sie wechselt nur
die farben im schminktopf:
      das blut der opfer bleibt schwarz.

18 S. Anm. 10.

Totschlagen und Vernichten (*Demian*, s.o.). Den edlen Menschen zeichne das Kainszeichen aus entsprechend dem Alten Testament mit seiner Brudermord-erzählung. So adelt, ästhetisiert, veredelt und stilisiert Hesse die Barbarei zum richtigen Schritt hin zur Reife. Die gute Tat muss im Wirbel der Urgefühle, in Kampf, Krieg und Leiden erst erlernt werden.

Gegenüber diesem »Perlmutterdunst« (Brecht, *Leben des Galilei*) über dem Krieg gibt es aber auch Richtiges zu Kampf, Gewalt und Krieg:

- Brecht in der *Deutschen Kriegsfibel*[19]: »WENN DIE OBEREN VOM FRIEDEN REDEN/Weiß das gemeine Volk/ Dass es Krieg gibt.« Und weiß das Volk es nicht, muss man es ihm sagen.
- Borchert: Sein letzter Text, im Oktober 1947, einen Monat vor seinem Tod geschrieben, ist ein Aufruf mit dem Titel *Dann gibt es nur eins: Sag nein!* Also: Widerstand und Verweigerung bei Kriegsvorbereitungen.
- Büchner: Im Brief vom 10.März 1834 an die Braut schreibt er: »Es fällt mir nicht mehr ein, vor den Paradegäulen und Eckstehern der Geschichte mich zu bücken. Ich gewöhnte mein Auge ans Blut, aber ich bin kein Guillotinen-messer.«[20]

Also: Widerstand und Verweigerung.[21]

---

19 Bertolt Brecht, »Deutsche Kriegsfibel«, 636.
20 Georg Büchner, *Werke und Briefe*, 256.
21 Was die Rezeptionsgeschichte des Werks von Hermann Hesse angeht, sei verwiesen auf: Hartmut Hoefer. »Faszination Hesse. Zur Wirkungsgeschichte Hermann Hesses«. Badewien/Schmidt-Bergmann (Hgg.). *Hermann Hesse. Dichter der Suchenden*. Karlsruhe: Evangelische Akademie Baden, 2003, 33–73.

Aus der Serie *one shock every day*. Barbara Hlali, 2009.

TILMAN WESTPHALEN

»Kultur von Jahrtausenden« und »Ströme von Blut« Erich Maria Remarque: *Im Westen nichts Neues*

»Krieg beginnt in den Köpfen« lautet das Generalthema dieser Tagung, und die Frage, »durch welche Mittel und Wege unser Bewusstsein geprägt wird, das schließlich unser Handeln bestimmt«, wird zu beantworten sein. Im Kern geht es darum, ob eine Teilnahme am Krieg als notwendig, unvermeidlich oder erzwungen durch den Einzelnen akzeptiert wird oder ob die Verweigerung des Krieges als Mensch, als Wähler, als Humanist oder auch als Steuerzahler herrschende Maxime des Handelns jedes einzelnen Menschen ist.

Bei der Konzeption dieser Tagung (unter der kreativen Koordination von Lioba Meyer und Carl-Heinrich Bösling, dem Leiter der Volkshochschule Osnabrück) war ein wesentlicher Ausgangspunkt die Frage, welches Buch über Krieg uns in unserer persönlichen kognitiv-emotiven Biografie und in unserm Handeln maßgeblich beeinflusst hat. Für mich war das Remarques *Im Westen nichts Neues* (wie z.B. für Christoph Kleemann Alexander Moritz Freys *Die Pflasterkästen*).

Mein Beitrag gliedert sich in drei Abschnitte:
1. Die Begegnung mit Remarques *Im Westen nichts Neues* – und die Folgen
2. Erich Maria Remarque: Vom naiven Kriegsankläger zum militanten Pazifisten
3. Was ist die bleibende Botschaft gegen kriegerische Gewalt und für notwendiges Widerstehen als Einzelner gegen jegliche Kultur des Krieges?

I Die Begegnung mit Remarques *Im Westen nichts Neues* und die Folgen

»Kultur von Jahrtausenden« und »Ströme von Blut« sind zwei Kernbegriffe Remarques in dem folgenden Zitat aus *Im Westen nichts Neues*:

47

Wie sinnlos ist alles, was je geschrieben, getan, gedacht wurde, wenn so etwas [die Kriegsgräuel des Ersten Weltkrieges] möglich ist! Es muss alles gelogen und belanglos sein, wenn die Kultur von Jahrtausenden nicht einmal verhindern konnte, dass diese Ströme von Blut vergossen wurden [...].[1]

Im Westen nichts Neues muss ich (Jahrgang 1935) wohl Ende der 50er Jahre zum ersten Mal gelesen haben. Genau weiß ich es nicht mehr, auf jeden Fall im Studium in Köln, deutlich vor Examen und Promotion (1962/1963).

Dieses Zitat und einige andere haben sich seitdem als Widerhaken in meinem eher friedlichen Nachkriegsleben tief verankert, wie z.B. der Satz: »Jahre hindurch war unsere Beschäftigung Töten – es war unser erster Beruf im Dasein.« (178)

Tote, töten und getötet werden, Angst, Schrecken und Grauen war mit meiner Erinnerung an das Kriegsende von November 1944 bis April 1945 eng verbunden: Flucht durch die Frontlinien des Westwalls in der Eifel, Artilleriebeschuss, tote aufgedunsene Kühe, ein erster toter Soldat, unterwegs mit Mutter und Bruder mit einem Leiterwägelchen und unserer letzten Habe, darunter eine halbe Seite Speck, die weit in das Jahr 1945 für überlebensnotwendige Bratkartoffeln sorgte. Aber dieses relativ kurze Kriegserlebnis, bei dem keiner von uns zu schaden kam, wurde schnell überlagert von der Wirtschaftswunderzeit und einer eher friedlichen Gymnasialschulzeit von 1946–55 im rheinischen Mönchengladbach.

Ein weiteres Zitat aus *Im Westen nichts Neues* mit Widerhaken in meinem Fühlen und Denken: »Trommelfeuer, Sperrfeuer, Gardinenfeuer, Minen, Gas, Tanks, Maschinengewehre, Handgranaten – Worte, Worte, aber sie umfassen das Grauen der Welt.« (96)

Ein weiteres Zitat bringt noch eine Steigerung des Grauens: »Granaten, Gasschwaden und Tankflottillen – Zerstampfen, Zerfressen, Tod. Ruhr, Grippe, Typhus – Würgen, Verbrennen, Tod. Graben, Lazarett, Massengrab – mehr Möglichkeiten gibt es nicht.« (190)

Und am Schluss des Buches ist Paul Bäumer tot, der Ich-Erzähler des Romans, der die obigen Sätze formuliert. In den letzten sieben Zeilen des Romans wechselt der Autor die Perspektive vom Ich-Erzähler Bäumer zum auktorialen Er-Erzähler: »Er war vorn übergesunken und lag wie schlafend an der Erde [...] – sein

1 Erich Maria Remarque. *Im Westen nichts Neues*. Mit Materialien und einem Nachwort von Tilman Westphalen. Köln: Kiepenheuer & Witsch 1998 (KiWi 470), 177. In folgenden Zitaten Angaben der Seiten dieser Ausgabe im Fließtext.

Gesicht hatte einen so gefassten Ausdruck, als wäre er beinahe zufrieden damit, dass es so gekommen war. (197)

Den Krieg nicht überleben, ist das die einzige Chance, den Krieg zu ertragen? Nein, natürlich nicht. Den Feind besiegen und sich des Friedens freuen? Kann man das, wie es anscheinend den kinderfreundlichen, Kaugummi und Schokoladenriegel schenkenden US-Besatzungssoldaten aus dem Gesicht zu lesen war, wie ich es nach Kriegsende erlebte? Die Granattrichterszene mit Paul Bäumer und dem von ihm erdolchten Gérard Duval (im 9. Kapitel) vertreibt solche Gedanken:

> [sein] Körper ist still, völlig ruhig, ohne Laut jetzt, das Röcheln ist verstummt, aber die Augen schreien, brüllen, in ihnen ist alles Leben versammelt zu einer unfassbaren Anstrengung zu entfliehen, zu einem schrecklichen Grausen vor dem Tode, vor mir [Paul Bäumer]. (149)

Würde ich auch zur Tötungsmaschine in einem neuen Krieg? Nein, ich bin ja »weißer Jahrgang«, bin von der Wehrpflicht ausgenommen (die Jahrgänge 1932–1935), weil mit uns wohl auch ein Krieg nicht mehr zu machen gewesen wäre. Zumindest war das unsere feste Überzeugung.

Von deutschem Boden soll nie wieder Krieg ausgehen, das galt als unumstößlicher Grundsatz. Sowie der von uns gern aufgegriffene Spruch: »Eher soll uns die Hand abfallen, bevor wir wieder ein Gewehr in die Hand nehmen« (der spätere Verteidigungsminister Franz Josef Strauß sagte es in der Ichform, bevor er dann in den 50er Jahren sogar mit einer deutschen Atomrüstung liebäugelte).

In unsere Abiturklasse 1954/55 waren wir 17 zu 4, 17 gegen die Wiederbewaffnung mit der neuen Bundeswehr. Innenminister Gustav Heinemann/CDU in Konrad Adenauers erstem Kabinett war gegen den Remilitarisierungs-Kurs seines Kanzlers und trat zurück, gründete die Gesamtdeutsche Volkspartei (mit Johannes Rau als seinem ›jungen Mann‹). Später wurden beide Bundespräsidenten als Mitglieder der SPD. Der Deutsche Gewerkschaftsbund und die Einzelgewerkschaften mobilisierten gegen das neue Militär!

Krieg führen und töten waren für mich ein absolut unvorstellbares Verhalten nach den Erfahrungen des Zweiten Weltkrieges. Und Paul Bäumer, so meine Reflexion, tötete schon im Ersten Weltkrieg – und wollte es doch nicht! Er spricht mit dem toten Duval:

> Kamerad, ich wollte dich nicht töten. Sprängst du noch einmal hier hinein, ich täte es nicht, wenn auch du vernünftig wärest. Aber du warst mir vorher nur ein Gedanke, eine Kombination, die in meinem Gehirn lebte [als Feindbild] und einen Entschluss hervorrief – diese Kombination habe ich erstochen. Jetzt sehe ich erst,

dass du ein Mensch bist wie ich. Ich habe gedacht an deine Handgranaten, an dein Bajonett und deine Waffen – jetzt sehe ich deine Frau und dein Gesicht und das Gemeinsame. Vergib mir, Kamerad! Wir sehen es immer zu spät. Warum sagt man uns nicht immer wieder, dass ihr ebenso arme Hunde seid wie wir, dass eure Mütter sich ebenso ängstigen wie unsere und dass wir die gleiche Furcht vor dem Tode haben und das gleiche Sterben und den gleichen Schmerz –. Vergib mir, Kamerad, wie konntest du mein Feind sein. Wenn wir diese Waffen und diese Uniform fortwerfen, könntest du ebenso mein Bruder sein wie Kat und Albert. Nimm zwanzig Jahre von mir, Kamerad, und stehe auf – nimm mehr, denn ich weißt nicht, was ich damit beginnen soll. (152)

Heute du, morgen ich. Aber wenn ich davonkomme, Kamerad, will ich kämpfen gegen dieses, das uns beides zerschlug: dir das Leben – und mir –? Auch das Leben. Ich verspreche es dir, Kamerad. Es darf nie wieder geschehen. (154)

Ja, das war auch meine feste Überzeugung. Ich würde nie Soldat werden und auch nie einen Feind töten, und Deutschland würde nie wieder Krieg führen. Ein schöner, befriedigender, blauäugiger Pazifismus, gänzlich unpolitisch. Aus voller Überzeugung stimmte ich Remarque zu, und tue es heute immer noch, dass Kultur und Krieg niemals zu versöhnen sind. Zu einem »Menschentier« (46), wie Remarque es ausdrückt, konnte und wollte ich niemals werden. Müssen denn alle Soldaten zwangsläufig zu »Menschentieren« werden?

Meine Reflektion hakte sich fest an Bäumers Fazit aus den Horrorerfahrungen seiner Lazarettzeit und den Erfahrungen in hunderttausend Lazaretten in Deutschland, Frankreich und Russland, wie schon oben zitiert:

Wie sinnlos ist alles, was je geschrieben, getan, gedacht wurde, wenn so etwas möglich ist! Es muss alles gelogen und belanglos sein, wenn die Kultur von Jahrtausenden nicht einmal verhindern konnte, dass diese Ströme von Blut vergossen wurden. (177)

Und weiter sagt Bäumer:

Ich sehe, dass Völker gegen einander getrieben werden und sich schweigend, unwissend, töricht, gehorsam, unschuldig töten. Ich sehe, dass die klügsten Gehirne der Welt Waffen und Worte erfinden, um das alles noch raffinierter und länger dauernd zu machen. (178–179)

»Ströme von Blut« und »Kultur von Jahrtausenden« – das Bedarf einer begründenden Erklärung, was im Folgenden versucht werden soll mit der Kernfrage

Remarques »Wann wird zum Mord, was man sonst Heldentum nennt?«[2] – gemeint sind nicht nur »Soldaten«, sondern auch »Partisanen« oder, wenn es sie damals schon gegeben hätte, »Terroristen« und »Widerstandskämpfer«. Die Frage nach Mord oder Heldentum überlässt Remarque seinem Hauptprotagonisten Ernst Graeber, der im Raubmord-Krieg gegen Russland größte Zweifel hat, dass es irgendeine Rechtfertigung für sein Tun gibt.

Aber diese Einstellung des Soldaten kennzeichnet nur die eine ›Sorte‹ der gewissensbeladenen »Tötungsmaschinen« als »Menschentiere«. Die andere ›Sorte‹ von Soldaten hat nach dem Kriegseinsatz und der Erfüllung ihrer Pflicht zum Töten keine psychischen Probleme, keine Zweifel an ihrem Tun, keine Posttraumatischen Belastungsstörungen (PTBS). Remarque kennzeichnet das Selbstverständnis dieser ›anderen‹ Soldaten am Beispiel der Schilderungen von Ernst Jünger in *In Stahlgewittern* und anderen Schriften.

Am 26. November 1929, zehn Monate nach Veröffentlichung von *Im Westen nichts Neues*, antwortet Remarque in einem Interview mit Wilhelm Scherp von der *Kölnischen Zeitung*[3] auf die Frage nach Kriegsbüchern von Ernst Jünger:

> Er ist ein geborener Soldat, ein prachtvoller Landsknechtstyp, und er besitzt eine außerordentliche Schilderungskraft. Ich finde übrigens, dass seine Bücher pazifistischer wirken als alle übrigen. Bei ihm sieht man in rücksichtsloser Offenheit den nackten Krieg, die Lust am töten.

Solche Soldaten-Typen leiden dann wohl kaum an PTBS. Was unterscheidet eine nicht tötungsbereite kognitive Steuerung des Handelns und das Gegenteil in den Köpfen von Soldaten, die Tucholsky und andere »Mörder« nannten und immer noch nennen?

Meine persönliche Erfahrung am Kriegsende kann natürlich in keiner Weise mit der Frage »Töten oder nicht Töten« der aktiven Soldaten verglichen werden. Es besteht lediglich der Wunsch, man hätte es nicht getan. Persönlich erlebte ich im April 1945 in einem Siegerlanddorf das Eindringen eines US-Panzers umgeben von GIs mit MP im Anschlag und deutsche befehlsgemäß bis zur letzten Patrone tapfer kämpfende Soldaten. Wir, Frauen, Kinder und alte Männer saßen im einzigen Keller eines zweistöckigen Hauses des Dorfes und sahen aus dem Kellerfenster den Panzer um eine Wegbiegung kommen. Im oberen Stockwerk

---

2 In Erich Maria Remarque. *Zeit zu leben und Zeit zu sterben. Roman*. Mit einem Nachwort von Tilman Westphalen. Köln: Kiepenheuer & Witsch 1998 (KiWi 489), 188.

3 Remarque, *Im Westen*, Materialien 15, 240–247, hier 246.

wurde aus Karabinern geschossen, vermutlich von vier deutschen Soldaten, auf den Panzer oder die GIs, obwohl die Soldaten wissen mussten, dass eine einzige Granate uns im Keller und sie, die ›tapferen Schützen‹, auslöschen würde. Glücklicherweise kam die Granate nicht, die Soldaten türmten – wir überlebten. Diese Aktion der deutschen Soldaten war für mich versuchter Mord an den Zivilisten im Keller, von denen sie wissen mussten.

Im Zuge der 68er Jahre festigte sich meine Antikriegshaltung, und ich wurde letztendlich zum völlig überzeugten Kriegsgegner unter Willy Brandts Kanzlerschaft (und auch SPD Mitglied). Willy Brandt macht Krieg und Frieden in der Welt zum Thema seiner Friedensnobelpreislesung in Oslo am 11. Dezember 1971. Seine Grundsätze:

- Krieg darf kein Mittel der Politik sein
- Es geht darum, Kriege abzuschaffen, nicht nur sie zu begrenzen.

Das nationale Interesse von Staaten lässt sich heute, d.h. in den 70er Jahren, so sagt er, nicht »von der Gesamtverantwortung für den Frieden« trennen. Dies muss Grundsatz jeglicher Außenpolitik einer europäischen und weltweiten Sicherheitspolitik sein. Weiter heißt es bei Brandt: »Es genügt nicht, friedfertige Absichten zu bekunden«, sondern jegliche Politik muss sich um die »Organisation des Friedens« bemühen. Der »Fortsetzung der Politik mit anderen Mitteln« (Clausewitz), d.h. der Erreichung politischer Ziele durch kriegerische Mittel, erteilt Brandt eine entschiedene Absage. Er sagt:

> Friedenspolitik ist eine nüchterne Arbeit. Auch ich versuche, mit den Mitteln, die mir zu Gebote stehen, der Vernunft in meinem Lande und in der Welt voran zu helfen: *Jener Vernunft, die uns Frieden befiehlt, weil der Unfriede ein anderes Wort für die extreme Unvernunft geworden ist.* Krieg ist nicht mehr die *ultima ratio*, sondern die *ultima irratio*. Auch wenn das noch nicht allgemeine Einsicht ist: Ich begreife Politik für den Frieden als wahre Realpolitik dieser Epoche. [Hervorhebung Vf]

Brandt bezieht sich auf Kants Schrift *Zum ewigen Frieden* und »seine Idee der verfassungsmäßigen Konföderation von Staaten für eine dauerhafte Friedenreglung auf der Basis der menschlichen Vernunft«. Es gibt keine Alternative, als das Leben der Völker aus »freier Vernunft« friedfertig zu gestalten.

Das war und ist immer noch die Leitlinie meiner weiteren Lebensarbeit im beruflichen (jetzt als Ruheständler), aber immer noch stark im ehrenamtlichen Antikriegsengagement. Nach verstärkten hochschulpolitischen Reformaktivitäten, u. a. als Vorsitzender der Bundesassistentenkonferenz 1969/70 und Mitglied des Hauptvorstands der Gewerkschaft Erziehung und Wissenschaft, kam ich 1973 als Professor für Anglistik und Literaturwissenschaft an die Universität Osnabrück, der Heimatstadt Remarques, und brachte 1983 bei einer Veranstaltungsreihe von Stadt und Universität zum 50. Jahrestag der Bücherverbrennung von 1933 den bis dahin noch wenig geschätzten, zum Teil noch als »Nestbeschmutzer« betrachteten Osnabrücker und Weltbürger Remarque wieder in die Diskussion. 1986 gründeten wir dann mit 13 aufrechten Pazifisten (darunter Heinrich Placke und Heinrich Mohr, dann als Nummer 14 Lioba Meyer) die Remarque-Gesellschaft. 1996 konnte mit Hilfe der Stadt, der Universität und der Stiftung Niedersachsen das Erich-Maria Remarque-Friedenszentrum am Markt eröffnet werden, das ich bis 2000 (Eintritt in den Ruhestand) leitete. Bei der Einrichtung des Erich-Maria Remarque-Friedenspreises der Stadt Osnabrück und der Etablierung der Osnabrücker Friedensgespräche war die Remarque-Gesellschaft intensiv beteiligt, jedoch weniger am Entstehen des Luxushotels »Remarque«.

Die Beschäftigung der Remarque-Gesellschaft mit dem umstrittenen Osnabrücker und seine »Rückkehr«[4] in das Kulturleben der Stadt Osnabrück, die sich inzwischen Friedenstadt nennt, erfolgte vorrangig mit den Themen:

- Remarque und die Humanität
- Weltbürger wider Willen: Exil und Rückkehr
- Militanter Pazifismus
- »Wann wird zum Mord, was man sonst Heldentum nennt?«

II Erich Maria Remarque: Vom naiven Kriegsankläger zum militanten Pazifisten

In seinem Tagebuch, das er kurzzeitig vom 15. August 1918 bis zum 25. Oktober 1918 führte, notierte Remarque am 25. Oktober 1918, also gut zwei Wochen vor der Unterzeichung des Waffenstillstands am 11. November in Compiègne, im Lazarett in Duisburg:

---

4   Die erste von uns erstellte Ausstellung über Remarque mit 50 Bildtafeln und Vitrinen mit Original-Exponaten erhielt den Titel *Der Weg zurück* – 1988 im Jahr des neunzigsten Geburtstags. Seitdem wurde und wird sie als Wanderausstellung an vielen Orten in Deutschland und in vielen Ländern (bis hin nach Kolumbien) gezeigt.

Am Samstag, 26, fahre ich fort zum Ersatzbataillon [in Osnabrück war das Ersatzbataillon kaserniert], kurzer Urlaub, dann ins Feld! Gefühle? Teils Freude, teils
Gleichgültigkeit und ein bisschen Trauer. Ich freue mich fast auf das Feld.[5]

Gleichgültigkeit? Nun, wer ist lange Soldat und wird nicht gleichgültig? Das Sol-
datsein führt zwangsläufig zum Fatalismus, wenn man ihm nicht den Sinn des
Tötens des Feindes abgewinnt, aber das ist kein aktiver Widerstand gegen den
Krieg. Das ist kein wehrhafter Pazifismus. Das ist Resignation. Vier Tage zuvor,
am 21. Oktober 1918, heißt es im Tagebuch: »Der Krieg wird wohl weiter gehen
oder erst beginnen, auch gut. Man findet sich mit allem ab. Mit dem frühen Tod
muss man ja schon sowieso rechnen.« Am 13. Oktober, eine gute Woche davor,
erwartet er noch Frieden, es gäbe ja entsprechende Nachrichten:

> Es gibt jetzt Frieden! Eine große Freude herrscht darüber gerade nicht! Man hatte
> sich wohl schon an den Krieg gewöhnt, er war eine Todesursache wie alle anderen
> Krankheiten auch, etwas schlimmer als Lungentuberkulose.

Dieser Eintrag wiederum klingt nicht nach Widerstand gegen den Krieg, sondern nach fatalistischer Hinnahme. Zum besseren Verständnis des jungen Remarque folgt etwas zur frühen Biografie.

Erich Paul Rémark [so lautet der Eintrag im Geburtsregister, von den Os-
nabrückern seitdem, zum Teil bis heute noch, mit Anfangsbetonung auf der
ersten Silbe] ist in der Stadt Osnabrück am 22. Juni 1888 geboren, besucht die
Volksschule und die katholische Präparande und später das katholische Lehrer-
seminar, um Volkshochschullehrer zu werden. Er hatte nicht die Möglichkeit
aufgrund seiner sozialen Herkunft etwa ein Gymnasium zu besuchen oder ein
Studium zu absolvieren. Erst 1921 nannte er sich Erich-Maria Remarque, als
junger, ambitionierter schreibender Künstler.

Am 21. November 1916 wurde er als 18jähriger zur Armee einberufen. Er
meldete sich nicht freiwillig, wie Paul Bäumer mit seiner Klasse in *Im Westen
nichts Neues* und wie später immer wieder in der Sekundärliteratur behauptet
wurde. Nach seiner Ausbildung in Osnabrück und in Celle kam er am 12. Juni
1917 an die Westfront. Schon am 21. Juli, nach etwa sechs Wochen, wurde er
durch Granatsplitter am linken Bein, rechten Arm und durch einen Halsschuss
verwundet. Den Rest des Krieges verbrachte er dann im Feldlazarett in Torhout/
Belgien und ab 25. August 1917 im St. Vincenz-Hospital in Duisburg, eroberte

5 Erich Maria Remarque. *Das unbekannte Werk*. Hg. von Thomas F. Schneider und Tilman
Westphalen. Bd. 5: *Briefe und Tagebücher*. Köln: Kiepenheuer & Witsch 1998, 257ff.

dort bald den Posten in der Schreibstube und gab den Kindern des Lazarett-Kommandanten Klavierunterricht. Er hatte das Talent und die Fähigkeit, sich der Tochter des Lazarettinspektors angenehm zu machen, wie in seinem Tagebuch nachzulesen ist.

Am 31. Oktober 1918 wurde er nach Osnabrück entlassen und erhielt noch am 15. November 1918 das EK I verliehen durch den Chef des Hospitals in Duisburg, was durch den für zwei Tage im Rathaus der Stadt Osnabrück aktiven Arbeiter- und Soldatenrat mit Stempel bestätigt wurde. Um Gerüchten vorzubeugen: Das EK I trug er zu Recht, die immer wieder zitierte Leutnantsuniform auf dem Bild mit dem Schäferhund, den er Noske nannte, stand ihm natürlich nicht zu.

Trotz der eher fatalistischen Aussagen in den Oktober-Einträgen seines Tagebuches ist dieser junge Erich Rémark durch die Kriegserfahrung zum Kriegsgegner geworden, der allerdings noch nicht sehen kann, worauf das für ihn persönlich hinausläuft. Erst zehn Jahre später schreibt er das Antikriegsbuch des 20. Jahrhunderts *Im Westen nichts Neues*.

Als das Buch als Fortsetzung in der *Vossischen Zeitung* (November–Dezember 1928) und dann im Januar 1929 im Propyläen-Verlag publiziert wird, ist es glaubwürdig, wenn er nach dem Wirbel, den die Publikation verursacht hat, darauf hinweist, dass er, Remarque, nach wie vor ein unpolitischer Mensch sei, der nur über die Generation der Kriegsteilnehmer berichtet, »die vom Kriege zerstört wurde – auch wenn sie seinen Granaten entkam«. (Vorspruch in *Im Westen nichts Neues*).

Remarque war zu diesem Zeitpunkt ernsthaft davon überzeugt, was er in den ersten Zeilen dieses Vorspruchs betont: »Dieses Buch soll weder eine Anklage noch ein Bekenntnis sein«, aber wie er seinen Helden Paul Bäumer im Roman sagen lässt, sind Krieg und Kultur unter keinen Umständen zu vereinbaren, wie oben zitiert. Im so genannten Kaisergespräch wird harte Kritik an den kriegstreibenden Kräften, dem Kaiser, den Generälen, der Rüstungswirtschaft geübt und der Nationalismus jeglicher Art sowie das Segnen der Waffen ad absurdum geführt. In der Granattrichterszene, in der Paul Bäumer den Franzosen-Kameraden Duval aus Angst ersticht und sein qualvolles Sterben stundenlang erträgt, kommt die Schuldfrage zum Durchbruch.

Töten des unschuldigen Gegners als soldatische Tötungsmaschine ist für den Autor ein schlimmerer »Mord« als das Töten eines Nachkriegsschiebers in seinem zweiten Roman *Der Weg zurück* (1931), mit dem Armeerevolver aus dem Krieg, durch den Heimkehrer Albert Troßke, dessen Mädchen der Schieber verführt hat.

Im Westen nichts Neues wurde zu einer fürchterlichen Anklage gegen das sinnlose und grausame Gemetzel des Krieges als Ausdruck des Gefühls eines

»normalen Menschen«. Krieg und Kultur sind für Remarque und seine Leser niemals vereinbar.

Im Westen nichts Neues ist »von allen Toten« geschrieben. So lautet Walter von Molos Motto auf dem Cover der Paperback-Ausgabe, und der Roman erweist sich als eine Art »Simplicissimus des 20. Jahrhunderts«, der Grimmelshausens Schilderung der Gräuel des Dreißigjährigen Krieges auf das 20. Jahrhundert überträgt. Remarque reflektiert 1958 – in der Rückschau auf *Im Westen nichts Neues*:

> Töten ist der Sinn des Krieges, – nicht überleben. Darum können nur die Toten uns die Wahrheit über den Krieg erzählen. Worte der Überlebenden können es niemals vollständig [...][6]

Über die Zeit vor und nach der Publikation von *Im Westen nichts Neues* sind leider keinerlei persönliche Zeugnisse erhalten, nur die Interview-Äußerungen, die offenkundig mit dem Ullsteinverlag abgestimmt waren, um das Image des naiven, jungen Nichtschriftstellers zu bewahren.

In der Ankündigung des Romans in der *Vossischen Zeitung* am 8. November 1928 (noch unter dem Titel »Nichts Neues im Westen«) schreibt J.E.:

> Es ist kein Kriegsroman, auch kein Tagebuch. Es ist erlebtes Leben und doch abgerückt durch eine Gestaltungskraft, die das persönliche Erleben ohne Kunstgriff, ohne Verzerrung und Verzeichnung in eine Sphäre der Allgemeingültigkeit hebt. So ist das erste wirkliche Denkmal des »Unbekannten Soldaten« entstanden. Ein Werk, das Blatt für Blatt den Eindruck ergreifender Wahrheitstreue erweckt [...]
> Es ist ein Buch ohne Tendenz und doch ein Mahnmal stärker als Stein, dauernder als Erz, ein Mahnmal, das die Herzen ergreift, die Köpfe erfüllt, das kommenden Generationen das wahre Bild des fruchtbarsten Krieges lebendig erhält.[7]

Remarque hielt sich zu dieser Zeit öffentlich zurück und bezeichnete sich immer wieder als »unpolitisch«. Er war kein aktiver Mitstreiter der Pazifismusbewegung der Zeit. Nach meiner Kenntnis war es damals Albert Einstein, der zum ersten Mal die Formulierung »Militanter Pazifismus« prägte. Damit meinte er, sich in

---

6 Erich Maria Remarque. »Das Auge ist ein starker Verführer«. Erich Maria Remarque. *Ein militanter Pazifist*. Hg. von Thomas F. Schneider. Köln: Kiepenheuer & Witsch 1998 (KiWi 495), 106.

7 Remarque, *Im Westen*, Materialien 1, 202–203.

jeder möglichen Form gegen die Kriegsführung unter den Nationen einzumischen durch Verweigerung, Soldat zu werden und an der Rüstungsproduktion mitzuwirken. Dies steht in der Tradition Bertha von Suttners und der von ihr und anderen angestoßenen Friedensbewegung in den letzten Jahrzehnten des 19. Jahrhunderts und im 20. Jahrhundert bis zum Ausbruchs des Ersten Weltkrieges.

Am 26. Januar 1931, nach dem Verbot des Films *Im Westen nichts Neues* wegen »Gefährdung deutschen Ansehens« führte die Deutsche Liga für Menschenrechte (in der Albert Einstein sehr aktiv war) eine Kundgebung in Berlin durch mit dem Titel »Remarque und die Wirklichkeit«. Es ging um den Prozess gegen das Filmverbot und die Kapitulation der Weimarer Republik vor dem Goebbelsschen Straßenterror und der massiven Störung der Filmvorführung (weiße Mäuse und Stinkbomben im Kino am Nollendorfplatz bei der Uhrauffführung am 4. Dezember 1930).

Mündliche Beiträge lieferten u. a. Heinrich Mann und Carl Zuckmayer, schriftliche Stellungnahmen von Ludwig Renn, Arnold Zweig, Kurt Tucholsky, Albert Einstein und anderen wurden verlesen. Erich Maria Remarque, der bislang zum Streit um sein Buch und den Film eisern geschwiegen hatte, steuerte erstmalig auch eine schriftliche Erklärung bei. In dem Bericht der *Berliner Tageszeitung* vom 3. Februar 1931 wird Remarque wie folgt zitiert:

> Ich habe lange nach einer Erklärung dafür gesucht, wie es möglich ist, dass Menschen, die den Krieg mitgemacht haben, schon heute, zwölf Jahre später, so völlig verschiedener Ansicht über die Wirklichkeit des Krieges sein können. Zweifellos bekommen selbst die furchtbarsten Erlebnisse durch die Tatsache, sie überwunden zu haben, noch etwas vom Glanz eines heroischen Abenteuers.[8]

Mit einem Zitat aus dem so eben erschienenden neuen Buch Remarques, *Der Weg zurück* (1930), endet die Erklärung: »Das Vermächtnis der Toten heißt nicht: Rache –, es heißt: Nie wieder!«

Aus einem nicht veröffentlichten Text im Nachlass, *Haben meine Bücher eine Tendenz?* (1931–1932), ist zu ergänzen, was er selber über die Arbeit seines Buches *Im Westen nichts Neues* sagt. Er wollte nicht mehr und nicht weniger, als das seine »spontanen Erinnerungen an den großen Krieg lediglich wiedergeben, was ich sah und erlitt, genau wie Millionen meiner Kameraden während fünf Jahren Totschlägerei«. Er fährt fort:

---

8 Remarque, *Ein militanter Pazifist*, 10.

Krieg ist zu allen Zeiten ein brutales Werkzeug der Ruhmgier und der Machtlust gewesen, immer im Widerspruch mit den Grundprinzipien der Gerechtigkeit, die allen moralisch gesunden Menschen innewohnen. Nicht einmal eine ernsthafte Beleidigung der Gerechtigkeit selbst kann dem Krieg Rechtmäßigkeit verleihen.[9]

Diese Position Remarques war zu diesem Zeitpunkt in der Öffentlichkeit nicht bekannt, und die Kritik war groß, dass er sich nicht einreihte in die direkte politische Arbeit der Pazifisten. So fordert Carl von Ossietzky:

Es war verhängnisvoll, dass er [Remarque] vor den Kämpfen kniff, die eine ebenso unausweichliche Konsequenz seines Erfolges waren. Den Angriffen auf den Roman, auf den Film, der danach gedreht wurde, setzte er ein beharrliches Schweigen entgegen.[10]

Ossietzkys große Enttäuschung ist es, dass der Autor dieses Buches, dass eine »gewaltige Waffe [...] hätte sein können, mit einem Manne dahinter«, nunmehr seine Wirkung in der aktuellen Diskussion nicht erreicht habe. Abschließend sagt er: »Aber dieser Mann war nicht da, sondern nur ein Glückskind, das einen Zufallstreffer gemacht und sich daraufhin sofort ins Privatleben zurückgezogen hat.«

Diese harte Kritik ist aus der Zeit heraus verständlich, verkennt aber in grandioser Weise die tatsächlich fortdauernde Wirkung von *Im Westen nichts Neues* bis in die heutige Zeit. Mit Bezug auf heutige Kriege, wie wir z. B. aus Zeugnissen von Kriegsteilnehmern wissen, die *Im Westen nichts Neues* so gelesen haben wie Kriegsteilnehmer des Ersten Weltkrieges. So hat der Träger des Erich-Maria Remarque-Friedenspreises der Stadt Osnabrück von 1995, der israelische Friedensaktivist Uri Avnery, 1948 im Staatsgründungskrieg gegen die arabische Umwelt mitgekämpft und wurde schwer verwundet. Erstmalig las er als Zehnjähriger in Hannover *Im Westen nichts Neues* (etwa 1933), bevor er Deutschland verließ. Darüber hat er bei seiner Dankesrede nach dem Empfang des Preises ausführlich gesprochen. Auch er betont, dass gerade dieses Buch ihn in seiner heutigen pazifistischen Haltung bestärkt habe, die da sagt, Krieg ist kein politisches Lösungsmittel, allerdings ist eine militante Abwehr, wenn sie denn tatsächlich zum Überleben notwendig ist, durchaus geboten.

Remarque geht 1933 endgültig ins schweizerische Exil nach Porto Ronco im Tessin am Lago Maggiore und wird 1938 aus dem Deutschen Reich ausgebür-

---

9 Remarque, *Ein militanter Pazifist*, 62–65, hier 62.
10 Remarque, *Im Westen*, Materialien 17, 250–251.

gert. Seine beiden Romane *Im Westen nichts Neues* und *Der Weg zurück* wurden am 10. Mai 1933 verbrannt.[11]

Auch diese Untat spielte sicherlich eine Rolle bei der Wandlung der Einstellung Remarques vom ›naiven Pazifismus‹ und von ›politischer Neutralität‹ zu einem durchaus engagierten Kampf gegen die Nazidiktatur und das weltweite Unheil, das Deutschland in der Folge anrichtete. Dies ist im Einzelnen zu verfolgen in seinem Tagebuch, das er ab dem 4. April 1935 bis zum 11. Januar 1955 wieder führt.

In dieser Zeit gibt es ziemlich regelmäßig Einträge über die Situation in Nazideutschland und auch über Kriegsereignisse ab 1939 sowie über seine Sicht des Kriegsendes und der neu beginnenden Zeit des Kalten Krieges mit dem drohenden atomaren Holocaust: »Die Welt liegt wieder im fahlen Licht der Apokalypse«.[12]

Schon in einem Tagebucheintrag am 3. März 1942 in Beverly Hills heißt es:

Der riesige, orangefarbende, volle Mond, einsame Lampion Gottes, über der Lichtreklame, steigend, steigend über den künstlichen Lichterband der Stadt, steigend, der uralte Zeuge Roms, Babylons und Bethlehems, über Java und Smolensk und dem eisigen Ozean mit den tödlichen schwarzen Fischen der U-Boote, steigend über dem namenlosen, *ewigen Irrsinn der Menschen, dem Kultur nur Nutzanwendung für noch vielfältigeren, noch grausameren Tod bedeutet.* Unsere stärkste klarste Entwicklung ist die der *Waffen.* Das andere sind Beiprodukte. Nutzbar gemacht irgendwie immer dafür. Forscher, Wissenschaftler, geistige Köpfe, – irgendwann vom Lasso der Gewalt gefangen, bestohlen, dienstbar gemacht.[13] [Hervorhebung Vf.]

Remarque lebt in den USA (seit 1939, zunächst in Kalifornien, dann in New York, im Exil) mit ausreichenden Geldmitteln, in der Beziehung zu Frauen aktiv und erfolgreich – Marlene Dietrich ist für ihn die wichtigste, aber auch die quälendste Beziehung, immer bemüht in seinen weiteren Romanen, die »Wahrheit« über die Menschen in Not und Bedrängnis darzustellen. Durch den Krieg gegen Nazideutschland, den er für notwendig und unvermeidbar hält, ändert er seine

---

11 Mit dem Feuerspruch: »Gegen literarischen Verrat am Soldaten des Ersten Weltkriegs, für die Erziehung des Volkes im Geiste der Wehrhaftigkeit«.
12 Vgl. Vorspruch in Erich Maria Remarque. *Der schwarze Obelisk. Geschichte einer verspäteten Jugend. Roman.* Mit einem Nachwort von Tilman Westphalen. Köln: Kiepenheuer & Witsch 1998 (KiWi 488), 9.
13 Remarque, *Briefe und Tagebücher*, 361–362.

pazifistisch-neutrale Beobachterrolle. Er nimmt die Position des militanten Pazifismus ein, im klaren Widerstand gegen den Nazistaat und seine Kriegsvorbereitungen und seine Kriegführung, die zwangsläufig zu Abwehr durch Krieg der
»Demokraten« führen müsse, die vom Nazismus überrollt zu werden drohten.
Hiergegen ist eine organisierte Notwehr unvermeidlich – und er verfolgt in
seinen Tagebüchern seit 1938 die Kriegsvorbereitungen und Kriegsereignisse
Hitlers in Europa bis zu seiner vernichtenden Niederlage 1945 mit ständigen
Kommentaren und großer Erwartungshaltung auf den endlich zu erringenden
Sieg über die Faschisten.

Aus der Aufarbeitung deutscher Geschichte folgt für den Autor die zwingende Konsequenz eines, wie Remarque es nennt, militanten Pazifismus. Erstmalig
im Jahre 1962, d.h. acht Jahre nach der Publikation seines Russlandkriegsromans
Zeit zu leben und Zeit zu sterben (1954), lässt sich dann bei Remarque der in sich
widersprüchlich erscheinende Begriff des militanten Pazifismus nachweisen,
von ihm auf sich selbst bezogen. In einem Gespräch mit Heinz Liepman, in der
Zürcher Woche am 30. November 1962, formuliert Remarque auf die Frage nach
seiner politischen Einstellung mit Bezug auf seine Gegnerschaft zum Nationalsozialismus und seiner Verbannung aus Deutschland:

> Im Jahre 1931 musste ich Deutschland verlassen, weil mein Leben bedroht war. Ich
> war weder Jude, noch war ich politisch links eingestellt. *Ich war dasselbe, was ich
> noch heute bin: ein militanter Pazifist.*[14] [Hervorhebung Vf]

Dass diese Aussage so nicht zutrifft, wurde oben dargestellt. In den Romanen der
50er und 60er Jahre hofft Remarque durch seine Arbeit als Schriftsteller – und
hält es wohl für möglich im Zuge einer humanen Fortentwicklung der »kulturellen Evolution«, d. h. einer Antikriegskultur – durch seine Bücher, d. h. seine
Leser, eine Veränderung der Einstellung in Kognitionen und Emotionen herbeiführen zu können, die nicht länger den Krieg für unvermeidlich, als der Natur
des Menschen gemäß ansieht. In soweit fügt sich Remarque nicht dem immer
noch dominanten Diktum, dass der Mensch des Menschen Wolf sei, und alle
Menschen das Böse (für Christen auch die Erbsünde) in sich tragen. Er schreit
seine humane »Wahrheit« heraus, welche die angebliche Unvermeidlichkeit des
Krieges als ›Lüge‹ der Bellizisten brandmarkt. Das schließt aber ›Notwehr‹ als
»militanten Pazifismus« nicht aus.

14 Remarque, *Ein militanter Pazifist*, 110–117, hier 112.

III Was ist die bleibende Botschaft?

In einem Text von 1958 *Das Auge ist ein starker Verführer* zu der Verfilmung des Romans *Zeit zu leben und Zeit zu sterben* spricht er über zukünftige Kriege:

> Der Krieg der Kampflinien ist vorbei: die Fronten sind überall. *Der Krieg der Soldaten ist vorbei*: der totale Krieg richtet sich gegen jedermann.
> *Der Krieg des Heldentums ist vorbei*: man kann sich verstecken, aber nicht selbst verteidigen. Irgendwann in der Zukunft werden irgendwo einige Leute einige Knöpfe drücken, – und Millionen werden einen schrecklichen Tod sterben.
> *Die Schwierigkeit mit dem Krieg ist, dass die Leute, die ihn wollen, nicht erwarten, in ihm zu sterben.* Und die Schwierigkeit mit unserer Erinnerung ist, dass sie vergisst und verändert und verfälscht, um zu überleben. Sie macht den Tod zu einem Abenteuer, wenn der Tod dich verfehlt. Aber der Tod ist kein Abenteuer: *Töten ist der Sinn des Krieges, – nicht Überleben.* Darum könnten nur die Toten uns die Wahrheit über den Krieg erzählen.[15] [Hervorhebungen Vf.]

Ja, der Krieg des Heldentums scheint ständig weiter zu schwinden in Zeiten asymmetrischer Kriege. PTBS (Posttraumatische Belastungsstörungen) treten an die Stelle des Heldentums. Das war für Remarque auch schon aus der Erfahrung des Ersten Weltkriegs gewiss, aber nicht im allgemeinen Verständnis.

Heute sieht die »Heldenverehrung« schon anders aus. Zwar werden noch Soldatentote aus Afghanistan oder Irak in den USA, aber auch zunehmend in Deutschland mit prunkvollen Ehrenbegräbnissen als »Helden« von einem Teil der Bevölkerung der die Soldaten entsendenden Nationen gesehen. Aber die Mehrzahl der Menschen begreift, dass es längst kein Heldentum mehr ist, gegen Dschihadisten und Taliban zu kämpfen und sein Leben zu opfern, statt die Ursache des Terrors zu beseitigen: den (alten und neuen) westlichen kulturellen und ökonomischen Imperialismus.

Für die meisten Deutschen wird eben die Freiheit Deutschlands nicht am Hindukusch verteidigt, obwohl eine Parlamentsmehrheit immer noch bereit ist, dorthin Truppen zu schicken, um Taliban-Krieger, Zivilisten und Soldaten zu töten und töten zu lassen.

Worum geht es? Da der Krieg des »Heldentums« vorbei ist, geht es um Krieg der militärischen Aktionen und der Militärtechnologie mit überlegener Feuer-

---

15 Remarque, *Ein militanter Pazifist*, 106.

kraft gegen so genannte »Aufständische«, »Terroristen«, also »böse Verbrecher«, die man nicht als »gute« Soldaten anzuerkennen bereit ist.

Auf der Gegenseite ist das Heldentum ausgeprägter den je. Jeder Dschihadist, der als Märtyrer in Allahs Paradies eingeht (wie er persönlich unerschütterlich glaubt), ist ein klassischer Held, wie das Abendland ihn in vielfacher Ausprägung als Vorbild kennt, schon seit der *Illias* Homers mit abscheulichen Kriegsgräueln. Die Märtyrer-Dschihadisten dienen öffentlich als Heldenbilder auf Plakatanschlägen und hängen an den Wänden der Heime im durch die Israelis besetzten Palästina wie im Irak, Jordanien, Iran, Afghanistan, Pakistan oder sonst wo – zum Stolz der opferbereiten Mütter, der Märtyrer-Familien und Sippen.

Um Remarques Formel anzuwenden, heißt es dort: Töten ist der Sinn des heiligen Krieges, des Krieges der Dschihadisten gegen die Ungläubigen, Töten im Auftrag Allahs, also einer höheren, nicht hinterfragbaren Macht, die eine entsprechende Belohnung im Paradies garantiert, wie es bei den christlichen Kreuzzügen vor Hunderten von Jahren genauso galt.

»Töten ist der Sinn des Krieges, nicht überleben«, sagt Remarque – und das gilt für den konventionellen Krieg wie für den Terrorkrieg. Für Kollateraltote und Terrortote gibt es da wohl kaum einen Unterschied, außer in den Ideologien der solche Kriegformen Betreibenden.

Nichts rechtfertigt den Krieg der Dschihadisten, wenn man deren Kriegsziele für nicht akzeptabel oder irrsinnig hält. Aber rechtfertigt der westliche Krieg gegen den Terror eines George W. Bush und seiner Verbündeten den hunderttausendfachen Tod von Zivilisten im Irak, in Afghanistan oder sonst wo? Gleiches gilt für den Krieg der Russen in Tschetschenien. Wann wird das normal gewordene Kollateraltöten von Zivilisten zum »Mord«, auch durch die deutsche Bundeswehr in Afghanistan?

Remarques Frage »Wann wird zum Mord, was man sonst Heldentum nennt?« ist aktueller denn je. Obgleich Heldentum im Sinne der westlichen Armeen kaum noch möglich ist – außer vielleicht bei dem Einsatz von Spezialkräften in Tora Bora auf der Jagd nach Osama bin Laden, etwas für harte Männer wie die Marines oder die Spezialkräfte der Bundeswehr – huldigt der Westen immer noch dem ehrenden heldenhaften Totenkult für die gefallenden Soldaten. Auf der Seite der Dschihadisten sind die »Märtyrer« Helden ohne wenn und aber, ohne die nagenden Zweifel westlicher Gesellschaften.

Beide Positionen, die militärische Überlegenheit und Kriegführung mit enormen Waffen- und Materialaufwand im »Krieg gegen Terror« sowie die vergleichbaren sehr geringe Kosten verursachenden Fanatismen des Dschihadkrieges mit Terrorattentaten gegen Zivilisten. Beide Kriegsformen sind vor allem Mordanschläge auf Zivilisten, heißen sie nun »Kollateralschäden« einerseits oder »Terrortote« andererseits.

Hier gilt auch heute noch, was Remarque über den Raubmordkrieg gegen die Sowjetunion in *Zeit zu leben und Zeit zu sterben* (1954) in einem längeren Dialog zwischen den zweifelnden Soldaten Ernst Graeber und seinem früheren, von den Nazis aus dem Amt gejagten Lehrer Pohlmann ausspricht, nachdem Graeber nach der »Wahrheit« über diesen Krieg und seine Rolle fragt: »Ich möchte wissen, wie weit ich an den Verbrechen der letzten zehn Jahre beteiligt war [...]. Und ich möchte wissen, was ich tun soll.«[16]

Das fragen sich inzwischen nicht nur traumatisierte, enttäuschte GIs und zunehmend auch Bundeswehrsoldaten. Die Fülle der kriegsverurteilenden Bücher von Ex-Soldaten ist fast unüberschaubar geworden, aber keines dieser Bücher hat bisher Remarques Anklage gegen die »Ströme von Blut« in der »Kultur von Jahrtausenden« in ihrer Wirkung auf eine weltweite Leserschaft übertreffen können.

Zum Abschluss dieser Erörterung sollten wir Helmut Schmidts altersweise Position gegen angebliche menschenrechtsrettende Kriegs-Interventionen sehr ernst nehmen. Er sagt:

> Die deutschen Bomben auf Belgrad haben gezeigt, wie schnell aus einer so genannten humanitären Intervention eine brachiale Verfolgung eigener machtpolitischer Interessen wird – das kommt dabei heraus, wenn man anfängt, sich einzumischen.[17]

Helmut Schmidt warnt vor einem neuen »Bellizismus«. Gegen einen »militanten Pazifismus« hätte er wohl weniger Einwände, wenn man einen solchen Begriff ›realpolitisch‹ mit Inhalt füllen könnte.

Ich glaube nicht, dass man Helmut Schmidt einen »blauäugigen Pazifisten« nennen kann, was man dem »Gutmenschen« Remarque immer wieder vorgeworfen hat. Dieser schrieb schon 1918 in sein Tagebuch (24. August 1918):

> Ist dieser Krieg nicht eine tolle Verkehrung der Natur? Eine Minderheit diktiert, befiehlt der großen Mehrheit: Jetzt ist Krieg! Ihr habt auf alle Pläne zu verzichten, sollt roheste und brutalste Tiere werden, sollt zum fünften Teil sterben? Sollte man glauben, dass das vorkommt?[18]

---

16 Remarque, *Zeit zu leben und Zeit zu sterben*, 186.
17 Helmut Schmidt. *Außer Dienst. Eine Bilanz.* München: Siedler, 2008, 326.
18 Remarque, *Briefe und Tagebücher*, 254.

Abschließen will ich mit einem Hinweis auf das soeben erschienende Buch der Osnabrückerin (mit bosnischen Wurzeln) Daniela Matijević: *Mit der Hölle hätte ich leben können. Als deutsche Soldatin im Auslandseinsatz*.[19] Das Buch schildert ihren Einsatz als Sanitätssoldatin im Kosovo mit der von der Autorin nicht zu ertragende Erfahrung von toten oder verstümmelten Kindern, Kameraden und unschuldigen Zivilisten. Die zweite Hälfte des Buches schildert die schrecklichen, aus dem Einsatz folgenden Konsequenzen mit Erkrankung an PTBS, die inzwischen bis zu 25% oder mehr der ›ordentlichen‹ Soldaten in Afghanistan, Irak, Tschetschenien oder anderswo zerstört, auch wenn sie, wie es Remarque schon 1929 formulierte, den Granaten des Krieges entkommen sind. Matijević beginnt ihr Buch wie folgt:

> Mit einer PTBS zu leben, das ist, als trüge man am ganzen Körper Prothesen. Die größte und schmerzendste Prothese, das ist eine zwischen Kopf und Bauch. Sie steckt dort, wo Leute, die noch an das Gute im Menschen glauben, die »Seele« vermuten.

Sind die posttraumatisch Gestörten, die so genannten PTBSler, nicht vielleicht absurderweise doch eine Zukunftshoffnung für eine Zeit, in der Soldaten und Dschihadisten dem organisierten Töten, ob militärisch oder terroristisch, den individuellen Widerstand des »militanten Pazifisten« entgegen setzen werden?

Können zukünftig in den Köpfen von hinreichend vielen jungen Menschen kognitive Verhinderungsmechanismen entstehen, die Widerstand leisten gegen die ständig neue Erzeugung von »Feindbildern« und »Kriegsnotwendigkeiten«?

Der *Anti*-Krieg, die Verweigerung des Krieges, geht nur über eine das Individuum bestimmende Friedenskultur, nur über die *Köpfe*, die den schreienden Widerspruch einer »Kultur von Jahrtausenden« und von »Strömen von Blut« nicht länger hinzunehmen bereit sind.

Eine solche Hoffnung auf eine friedlichere Welt findet sich auch in dem abschließenden Satz Remarques in einem Interview von 1963 mit Friedrich Luft, der die Wirksamkeit des Anti-Kriegs-Schreibens von Remarque angesichts der realen Zustände in der Welt massiv in Frage stellt. Remarque sagt: »Das ist der notwendige Optimismus des Pessimisten.«[20]

---

19 München: Heyne, 2010, Zitat 15.
20 Erich Maria Remarque. „Friedrich Luft: Gespräch mit Erich Maria Remarque (1963)«. Remarque, *Ein militanter Pazifist*, 118–133, hier 133.

CHRISTOPH KLEEMANN

Die Pflasterkästen von Alexander Moritz Frey
Die Bedeutung eines Antikriegsromans
für das eigene Bewusstsein

Ganz so einfach, wie es in der Kurzbeschreibung des Einladungsflyers klingt, ist es bei mir nicht vonstatten gegangen. Dass ich inmitten der um sich greifenden Militarisierung in der DDR Pazifist geworden bin, ist zwar richtig. Dass mich auf diesem Wege Bücher begleitet und beeinflusst haben, ist auch richtig. Aber dass ich das diesem einen Buch verdanke, stimmt so nicht. Ich kann mir auch schwer vorstellen, dass Literatur so funktioniert. Ich möchte es nicht einmal hoffen, weil es dann im umgekehrten Fall ebenso unterstellt werden müsste.

Ich will mich in meinem Beitrag dem Thema mit einigen grundsätzlichen Fragen nähern, will Ihnen berichten, wie mir das Thema Krieg und Gewalt familiär und gesellschaftlich begegnet ist, will Ihnen sagen, was die Auseinandersetzung damit aus mir gemacht hat und inwieweit Literatur eine Rolle dabei gespielt hat und spielt. Deshalb komme ich erst in einem dritten Abschnitt auf mein Buch zu sprechen. Aber so entspricht es annähernd dem wirklichen Hergang. Wer kann schon nach Jahrzehnten noch exakt nachweisen, was ihn alles und zu welchem Ergebnis beeinflusst hat? Es werden immer nur einige wenige Schlaglichter sein, derer man sich erinnert.

Krieg beginnt in den Köpfen. In welchen Köpfen beginnt eigentlich Krieg? Haben wir das Muster Gewalt – und in seiner Konsequenz das Muster Krieg – wie eine Grundstruktur in uns? Wenn dem so wäre, wäre Krieg so etwas wie Schicksal, das jederzeit zu erwarten ist. In kriegsfreien Zeiten aufzuwachsen, wäre dann nichts als ein glücklicher Zufall. Sind Gewalt und Krieg die zwangsläufige Folge unserer Fähigkeit zum Bösen, die durch Konventionen und Moral nicht aufzuhalten, nur anders zu interpretieren sind, ist alles, was Literatur und Kunst zu diesem Thema beigetragen haben, verzichtbarer Luxus?

Christoph Kleemann

Eine zehnteilige Filmdukumentation *Die Deutschen – Ein Jahrtausend deutsche Geschichte* vermittelt dem heutigen Betrachter den Eindruck, Entwicklung und Fortschritt in der Geschichte seien vornehmlich das Ergebnis von Gewalt und Krieg. Ist das richtig? Oder unterschlagen wir da das Wesentliche? Kriege als Gegebenheit, weil es sie anscheinend immer gegeben hat? Gegenüber der Kriegsrhetorik, der Sogwirkung nationalistischer Exzesse, der Entfesselung von Rohheit scheint gewaltfreies Denken und Handeln noch immer als hoffnungsloser Idealismus abgetan zu werden.

Krieg ist im öffentlichen Bewusstsein immer noch eine mögliche Option. Krieg schafft seine eigenen Gesetze, seine eigene Moral, seine eigenen emotionalen Werte, seine eigene Ästhetik. Nahezu alles, was im zivilen Leben Wert und Geltung hat, wird im Krieg in sein Gegenteil verkehrt. Und es ist derselbe Mensch, der das aushält, mit sich geschehen lässt und selber betreibt.

Natürlich haben die Weltkriege des 20. Jahrhunderts mit ihren Extremfolgen das öffentliche Bewusstsein erreicht, verändert, sensibilisiert, bürgerliche Rechte und Freiheiten stabilisiert und Abhängigkeiten relativiert. D.h. Gewalt braucht heute besonders gute Argumente, um punkten zu können, braucht überzeugendere Feindbilder, muss sich ideologisch als flexibel erweisen und braucht – überzeugendere Anlässe bzw. Vorwände. Aber wirklich überwunden hat das öffentliche Bewusstsein den Krieg nicht.

Oder wie kommt es, dass George W. Bush noch immer von vielen wahrgenommen wird als einer, der die realen Bedrohungen der Gegenwart erkannt und wirksam bekämpft habe – und Margot Kässmann als hilflose Utopistin? Unsere Gesellschaft scheint mir, nach allem Erlebten und Erlittenen, nach Schuld und Verantwortung, noch längst nicht im gelobten Land angekommen. Es sind nur subtilere Formen, in denen heute Gewalt, Unterdrückung, Entmündigung und Abhängigkeit in der Gesellschaft ausgelebt werden. Sobald es um Interessen, Vormacht, Einfluss und Profit geht, scheinen mir relativ ungebremste Triebe wirksam zu werden.

Wenn Krieg in den Köpfen beginnt, muss Frieden, muss Gewaltfreiheit auch in den Köpfen beginnen. Und sie muss bessere Argumente haben, weil der Krieg und alles, was zu ihm führt, ihre eigene Logik entwickeln und mit schwer durchschaubaren Argumenten operieren. Und da der Krieg auch Emotionen braucht und schürt, von Angst, Neid, Hass, Rachegefühlen lebt, muss sich auch Gewaltfreiheit ihren Weg nicht allein über den Intellekt bahnen, muss den ganzen Menschen, auch Erziehung, Glaube, Kommunikation, kulturelles Leben und Erfahrung einbegreifen.

Hier sehe ich die Chance von Literatur, die nicht nur historisch nachzeichnet, sondern am exemplarischen Fall die Leserschaft vereinnahmt, miterleben und mitfühlen lässt, in menschliche Abgründe schauen lässt und Sehnsucht weckt nach einer Welt, in der Menschen Würde und Geborgenheit finden.

Meine erste Begegnung mit dem Krieg war nicht literarischer, sondern physischer Art.

Es gibt keine konkreten Erinnerungen aus meinem Geburtsjahr 1944, die sich meinem Gedächtnis eingeprägt hätten. Aber es gibt seelische Erinnerungen an Bedrohungsangst, an Risse in der frühkindlichen Geborgenheit, konkrete Gefahrensituationen. Die nächtliche Evakuierung durch den letzten deutschen militärischen Widerstand, die kurzzeitige Vertreibung durch die einrückende Rote Armee und anderes haben seelische Narben zurückgelassen, bei mir und bei vielen anderen, die in den Kriegsjahren geboren sind. Ein Phänomen, auf das Sabine Bode in ihrem wichtigen Buch *Die vergessene Generation* aufmerksam macht.

Krieg war bei uns zu Hause kein beherrschendes Thema, aber latent immer gegenwärtig. Zu vieles in meinem elterlichen Umfeld erinnerte daran.

Mein Vater war im Ersten Weltkrieg, nach Notabitur, von der Schulbank weg an die Westfront geschickt worden und als einer von Dreien seiner Klasse, nach amerikanischer Gefangenschaft, zurückgekehrt. Die anderen haben den Krieg nicht überlebt. Mit 85 hat er mir davon erzählt. Die Fronterfahrung hatte ihn geprägt, aber nicht verhärtet und nicht vergleichgültigt. Als sich die neue nationale Bewegung formierte, erkannte er sehr schnell, worauf sie hinauslaufen würde, hielt sich fern von ihr und schloss sich der Bekennenden Kirche an. Im Zweiten Weltkrieg als Ausbilder eingesetzt, durfte er im Hinterland bleiben, die beiden letzten Kriegsjahre sogar bei seiner Gemeinde und Familie. Sein Bewusstsein, stark auch literarisch beeinflusst, bewegte sich in Richtung Pazifismus, aber sein Handeln – autoritätsgewohnt – hielt sich an die gesetzlichen Gegebenheiten.

Als ich 1962 erst den Wehrdienst in der DDR verweigerte, 1964 dann den soeben eingeführten Wehrersatzdienst als Bausoldat, war er sich auch nicht sicher, ob – trotz aller Sympathie für so ein Zeichen – eine Gesetzesübertretung der richtige Weg wäre, unabhängig von den möglichen Folgen.

Für mich war diese Entscheidung damals unmittelbare Konsequenz meiner christlichen Erziehung, die ich nicht meinem Elternhaus allein verdankte. Ich verstand christliches Zeugnis, mit einer Portion jugendlicher Aufsässigkeit gepaart, als persönlich zu äußernde und zu verantwortende Angelegenheit. Ich wollte mich keiner Befehlsgewalt unterordnen, schon gar nicht, wenn es um den Konflikt zwischen Schießbefehl und Gewissen ging, wie ihn so manche an der innerdeutschen Grenze erlebten.

Neben den christlichen Vorstellungen von Gewaltfreiheit und Nächstenliebe hatte mich auch Antikriegsliteratur von Zweig, Seghers, Apitz u.a., die in der Schule gelesen wurde, emotional erreicht. Dazu kam: ich lebte in Dresden, einer Stadt, die ihr Zerstörungstrauma bis heute noch nicht völlig überwunden hat. Hier hatte am 15. Februar 1945 meines Vaters Bruder die erstickten Körper seiner Frau und seines Sohnes eigenhändig aus dem Luftschutzkeller geborgen. Hier waren in der Schreckensnacht des 13. Februar etwa zwanzig Mitglieder des Kreuzchores, dem ich angehörte, ums Leben gekommen. Hier bargen wir Zehn- und Elfjährigen mit den Trümmerfrauen zusammen die heilen Ziegel aus den Schuttbergen des Bombenangriffs.

Jetzt erlebten wir den Kalten Krieg, der im Osten wie im Westen sonderbare Stilblüten trieb. Ich will Ihnen nur ein Beispiel der vergleichsweise harmlosen Art dazu erzählen. Wir durften, als Chor – quasi als Kulturbotschafter – in den Westen reisen. Anlässlich eines Konzerts in Stuttgart erfolgten dort Tonbandauf- nahmen, vermutlich für den SWDR. In der Zwischenzeit wurde von Seiten der Schule das Hören westlicher Sender in unserem Dresdener Internat ab sofort bei Strafe verboten. Eine Staatsbürgerkundestunde diente dem Zwecke, uns diese Maßnahme begreiflich zu machen. Auf meine Frage, wieso ich in Dresden nicht hören dürfe, was ich selbst in Stuttgart mit ins Mikrofon gesungen habe, erhielt ich die Antwort: Du isst doch auch kein Brot aus der Jauchengrube.

Die zunehmende Uniformierung und Militarisierung in den 60er Jahren, die um sich greifende Ideologisierung, die wachsende Eingrenzung und Ausgren- zung erinnerten mich an Geschehnisse, die ich über deutsche Vergangenheit gelesen hatte. Das alles sah nicht nach einer menschlicheren Alternative aus. Die DDR entwickelte sich zu einem Militärstaat, in dem ein klares Feindbild und permanente Verteidigungsbereitschaft das Leben von der Wiege bis zur Bahre begleiten sollten. Manöver »Schneeflocke« und Aktion »Soldatengrüße« für die Kleinen, Hans-Beimler-Wettkämpfe für die Klassen 8–10, später der Wehrkunde- unterricht, vormilitärische Ausbildung über die Gesellschaft für Sport und Technik, Wehrdienst in der Volksarmee, Kampfgruppen der Arbeiterklasse zum Schutz der Volkswirtschaft, Wehrlager der Studenten, NVA-Reserve und Zivilverteidigung, ebenfalls militärisch organisiert. Dazu die Militärparaden, der Stolz der Ostblockstaaten. Die ganze DDR-Friedensrhetorik konnte nicht darü- ber hinwegtäuschen, dass der Kalte Krieg noch bis in die 80er Jahre hinein die Köpfe vieler Politbürokraten beherrschte. Das Schlimme nur, auch Kalter Krieg ist Krieg und lässt sich jederzeit anheizen.

Nachdem die innerdeutsche Grenze undurchlässig geworden war, hielt ich mich in der DDR zu Leuten, die sich durch Agitation und Propaganda nicht vereinnahmen ließen. Schon dass es Sekretäre für Agitation und Propaganda gab, schien mir zu offenbaren, es müssten wieder einmal bestimmte Interessen an den Mann und die Frau gebracht werden, die nicht den ihren entsprachen. Der wichtigste und vielleicht einzig wirkliche Freiraum in der DDR, frei von ideologischem Druck und staatlicher Zensur, waren die Kirchen. Hier hatte ich beruflich geankert, und hier fanden die offensten und gefährlichsten Debatten über Verteidigungsbereitschaft und zivilen Ungehorsam statt.

Ende der 70er und Anfang der 80er Jahre ging es um die Nachrüstungsdebatte, den NATO-Doppelbeschluss, Pershing II und Cruise-Missiles auf westlicher, SS-20 auf östlicher Seite. An den Schulen der DDR war soeben das obligatorische Unterrichtsfach Wehrkunde eingeführt, ein neues Landesverteidigungsgesetz verkündet und mit Atomschutzübungen begonnen worden. In den Köpfen wurde ein Dritter Weltkrieg durchgespielt. Analog zur Friedensbewegung im Westen formierte sich im Osten eine unabhängige Friedensbewegung, die unter dem Motto »Frieden schaffen ohne Waffen« auf beidseitige Abrüstung drängte. Das Motto wurde DDR-offiziell sofort umgemünzt in »Frieden schaffen gegen NATO-Waffen«, als ob es sich bei den SS-20 um friedlicheres Kriegsgerät handele.

In dieser Zeit habe ich erfahren, was es bedeutet, zur falschen und d.h. zur richtigen Zeit Nein zu sagen; wie isoliert ein Vater zwischen gleichgesinnten Eltern steht, wenn er als einziger erklärt, seine Kinder am obligatorischen Schulfach Wehrkunde nicht teilnehmen zu lassen. Mein einstiges Nein zum Wehrdienst und dessen mögliche Konsequenzen betrafen nur mich. Jetzt entschieden wir für unsere Kinder und wussten, dass wir sie vor den möglichen Konsequenzen nicht bewahren konnten.

Aber die Augen zu verschließen und mitzumachen, schien uns noch weniger verantwortbar. Zwei meiner Söhne hat es Abitur und Studienmöglichkeit gekostet.

Im Friedenskreis der Rostocker Studentengemeinde, der bald einer von vielen in der DDR sein sollte, begannen wir, uns mit Ansätzen der Friedensforschung, Strategien von Gewaltfreiheit und Pazifismus zu befassen. Dokumentationen zur gegenwärtigen Welt-Lage (Veröffentlichungen des SIPRI-Instituts, des Club of Rome etc.) sowie Publikationen von Th. Ebert, Horst E. Richter u.a. waren in der DDR nicht zu haben oder auch verboten, sodass wir auf illegalen Büchertransfer ausweichen mussten. Im Übrigen wurde Antikriegsliteratur aus der Zeit vor dem Ersten Weltkrieg bis in die Gegenwart gelesen, Suttner, Remarque, Plievier, Mann, Borchert, Brecht, Böll u.v.m.

Damals fiel mir ein Buch in die Hände, dessen Bilder vom Krieg mich seither begleiten und das auf mich gewirkt hat wie auf andere Edgar Hilsenrath, wenn es um das Schicksal der Juden geht. Dass ausgerechnet dieses Buch, das jeglicher spektakulären Handlungen entbehrt, statt dessen in monotoner Gleichförmigkeit nahezu dokumentarisch den Leser in den Kriegsalltag mitnimmt, mich so angesprochen hat, muss mit meinen Denk- und Erlebensstrukturen zu tun haben. Anderen Lesern ist es damit offenbar anders ergangen, sonst wäre das Buch nicht fast völlig in Vergessenheit geraten: Alexander Moritz Frey, *Die Pflasterkästen. Ein Feldsanitätsroman.*

Der Autor gehörte demselben bayrischen Infanterieregiment an, dem der Gefreite Adolf Hitler angehörte. Hitler hat sich in den zwanziger Jahren um Frey gemüht, um ihn als Schriftsteller für die nationalsozialistische Bewegung zu gewinnen. Freys Ablehnung war eindeutig, was zur Folge hatte, dass auch seine *Pflasterkästen* am 10. Mai 1933 zu den öffentlich verbrannten Büchern gehörte und Frey erst nach Österreich, dann in die Schweiz emigrierte, wo er 1957 starb.

Der Schriftsteller Friedrich Funk, der 1915 mit zwei Kameraden an die Westfront abkommandiert wird, um Sanitätsdienst zu verrichten, gehört nicht zu den Kriegsbegeisterten. Mit ironischer Distanz beobachtet er das Geschehen, das ihn, je näher er damit konfrontiert wird, zum Kriegsgegner, zum Kriegshasser macht. In Lille, wohin die drei zunächst geraten, sind die Stäbe untergebracht, deren Lebensbedingungen wenig an Krieg erinnern. Gelage und Bordelle nehmen die Aufmerksamkeit der Dienstgrade in Anspruch, so dass er und seine Kameraden sich zunächst als »Vergnügungsreisende wider Willen« bezeichnen. Irgendwo da draußen verläuft die Front, wo barbarische Rohheit herrscht, wo verwundet und getötet wird. In regelmäßigen Abständen werden die restlichen Überlebenden der Truppen zurückbeordert, um im Hinterland mit Nahrung und Schlaf für den nächsten Fronteinsatz fit gemacht zu werden, während frische Truppen die Ablösung übernehmen. Schon dieser geordnete Wechsel im Kampf auf Verschleiß mutet gespenstisch an. Erst recht die Rolle der Sanitäter, die – selber meist schutzlos – auf beiden Seiten die Verwundeten einsammeln, notdürftig versorgen und wieder fronttauglich machen. »Menschenflicker« nennt sie Funk, der sich inzwischen – trotz schwerer Infektion – im Dauereinsatz an der Front befindet. Während der Stabsarzt Champignons und Gemüse für die Stabsküchen züchtet und mit den Kommandeuren tafelt, wächst ihm, dem medizinisch Unerfahrenen, mehr und mehr Verantwortung zu.

Als er ein Jahr später an die Somme verlegt wird, gerät er in die Hölle selbst. Hier findet Vernichtung im großen Stil statt, Massenvernichtung, Giftgaseinsätze. Die Pflasterkästen, jene dürftigen Sanitätsausrüstungen, sind längst aufgebraucht. Es mangelt an allem. Und während die Mannschaften regelrecht verheizt werden, fehlt es nicht an Offizieren, die sich unter zweifelhaften Vorwänden dem Fronteinsatz entziehen.

Wer vor dieser grausigen Kulisse noch menschliche Züge zeigt, wird ins Feuer geschickt. Knapp hinter der Front aber etabliert sich immer wieder der Sumpf aus Privilegien, Vorteilnahme und Ignoranz. Man stellt schon mal das Sammelgut für den baldigen Heimtransport zusammen, vergnügt sich mit den Frauen des Kriegsgegners und bereitet seine künftige Position in der Heimat vor. Inmitten eines apokalyptischen Kriegsalltags genügt eine unterlassene Ehrbezeugung, dass Funk zum Infanteriedienst mitten in das Inferno geschickt wird. Ein Arzt rettet sein Leben. Seine Seele, scheint es, bleibt auf der Strecke. Stumpf, gleich-gültig und ausgebrannt überlebt er.

Kurze Zeit feierte die deutsche Presse dieses Buch. Der dokumentarisch-nüchterne Erzählstil schien zu erreichen, was Arnold Zweig einem Antikriegs-buch abverlangte: Die Zerstörung der Lüge vom Krieg als dem großen Abenteuer. Manch anderen Büchern über den Krieg blieb diese Wirkung eher versagt.

Als ich das Buch gelesen hatte, war mir, als wäre ich dem Sanitäter Funk auf den Fersen gefolgt, so hatten sich die entsetzlich klaren Bilder in mir festgesetzt. Das Seltsame – das hat nicht aufgehört. Sei es, dass ich besonders empfänglich für diesen Stil bin, sei es, dass es sich wirklich um ein Ausnahmebuch handelt. Offenbar ist gar nicht so wichtig, wie nahe die Handlung und mein eigenes Le-ben – zeitlich gesehen – beieinander liegen, sobald der Funke überspringt

Diese Perpetuum-Mobile-Situation, wie sie Frey beschreibt, wo der Krieg immerfort sich selbst gebiert, wo alles unendlich so weitergehen könnte, wären nicht irgendwann die Ressourcen verbraucht, hat mir die Überzeugung förmlich eingebrannt, dass kein Krieg je dazu führen wird, dass Kriege aufhören. Was in den Köpfen begonnen hat, muss auch – wie es Tiziano Terzani in seiner Lebens-beichte fordert – in den Köpfen revolutioniert werden.

Literatur, auch so genannte Antikriegsliteratur, wird im seltensten Falle ihre Leserschaft zu Pazifisten machen. Aber sie kann Erkenntnisse vermitteln, bestär-ken, vertiefen. Die Wirkung von Literatur muss nicht so unmittelbar abzulesen sein. Wenn Literatur anrührt, wenn sie es schafft, dass die Lesegemeinde sich für Momente identifiziert mit Personen und Schicksalen, kann sie uns sensibilisie-ren und urteilsfähiger machen. Darüber hinaus hat Literatur die Möglichkeit, mit Fantasie, visionär und spielerisch Wege zu erdenken, wo die vermeintliche Realpolitik nur Aporien sieht. So entsteht eine Spannung, die das gegenwärtige Wort nie als das letzte Wort stehen lässt. Literatur kann uns helfen, das Bild von Welt in uns zu entwickeln, das wir selber ersehnen. Das Bild der Verwüstung dieser Erde und unseres Miteinanders wird das nicht sein.

Vieles von dem, was ich anderwärts gelesen, gehört und erfahren habe, hat sich mir in Freys Roman bestätigt. Manches ist mir hier erst klar geworden und hilft mir, die Augen offen zu halten in einer Zeit, wo man Kriege nicht mehr Kriege nennt, statt dessen von einer Art zivilem Krieg, Bankenkrieg, Währungs-krieg, Handelskrieg, Verteilungskrieg, Glaubenskrieg, Rohstoffkrieg und dem täglichen Papierkrieg spricht, als hätte das alles – letztlich – nichts mit Krieg zu tun.

Denn Krieg bricht ja nicht plötzlich aus wie eine ansteckende Krankheit. Krieg wird von langer Hand vorbereitet und in das öffentliche Bewusstsein hinein erzogen. Krieg beginnt mit einer bestimmten Art zu denken und einer be-stimmten Art, das Denken zu unterbinden. Auch wenn wir uns noch eine Weile streiten, ob juristisch der Afghanistaneinsatz Krieg genannt werden könne, in diesem eben beschriebenen Sinne ist es ein Krieg. Und wenn wir Kriege selber nicht mehr führen mögen, sind wir doch lange noch nicht am Ziel, solange wir als zweitgrößter Rüstungsexporteur die Kriegsherde dieser Erde direkt und indirekt mit dem versorgen, was sie erst möglich macht.

Dass Gewaltfreiheit auch in unserem Kulturkreis erfolgreich praktiziert werden kann, hat die Selbstbefreiungsbewegung der Ostblockländer von 1980 bis 1989 gezeigt. Nach vielen, manchmal fast wirkungslosen, Einzelaktionen hat der gemeinsame gewaltfreie Widerstand der Kerzenrevolution von 1989 in der DDR ein Zeichen gesetzt, von dem die Politik etwas lernen kann. Wer sich auf dem Ergebnis ausruht, hat vielleicht den Weg nicht verstanden. Denn dieser muss immer wieder beschritten werden, wenn es anfängt, dass Informationen bewusst vorenthalten oder gefälscht werden (Die Uninformierten von heute könnten die Uniformierten von morgen sein.); wenn geistiger Gleichschritt gefordert wird, Individuen zu Spalierobst gezogen werden und die Sprache im öffentlichen Raum anfängt, martialisch zu werden; wenn Feindbilder und Verschwörungstheorien zusammenkommen, wenn öffentliche Lüge nicht mehr geahndet und öffentliche Wahrheit denunziert wird; wenn alte Traditionen wieder aufgewärmt, Mythen neu belebt, Weihevolles initiiert und Schwüre und Bekenntnisse abverlangt werden; wenn Argumentationsketten so kunstvoll gefertigt werden, dass man als letzte Konsequenz selber auf Gewalt kommen muss; wenn Tugenden beschworen werden, die Solidarität, Mitgefühl und Gewissen ausschließen oder als sekundär erscheinen lassen.

Kriege werden von oben gemacht, das haben mich Literatur und Geschichte gelehrt. Sie werden wahrscheinlich an nüchternen Konferenztischen erdacht, begründet und logistisch vorbereitet. Deshalb muss das »Oben« wirksam kontrolliert werden, die Wirtschaft durch die Politik und die Politik durch den Souverän, das Volk. Gelebte Demokratie und Krieg schließen sich aus. Hier liegt mein Teil der Verantwortung.

Reinhold Mokrosch

Dietrich Bonhoeffers Gedichte aus seiner Gefängniszelle 1943–1945
Haben sie das öffentliche Friedensbewusstsein beeinflusst?

Der Hintergrund

Haben die Gedichte Dietrich Bonhoeffers, die er 1943–1945 während seiner grauenhaften Gefängniszeit in Berlin-Tegel verfasst hatte, nach seiner Erhängung am 9. April 1945 das öffentliche Friedensbewusstsein beeinflusst oder gar befördert? Es waren 10 Gedichte, die er seinen Kassiber-Briefen an seinen Freund Eberhard Bethge, an seine Verlobte Maria von Wedemeyer und an seine Eltern beigefügt hatte. Zwei dieser Gedichte haben die Welt umrundet und sind in 30 bis 50 Sprachen übersetzt worden: das Gedicht *Stationen auf dem Weg zur Freiheit* vom 21. Juli 1944 und das Gedicht *Von guten Mächten"* vom 19. Dezember 1944.

Für diejenigen, die mit D. Bonhoeffers Lebensweg nicht vertraut sind, möchte ich nur Folgendes vorausschicken: D. Bonhoeffer wurde 1906 in Breslau in einer kirchendistanzierten Großfamilie als Zwilling geboren, entschied sich zum Erstaunen seiner Eltern und Geschwister für das Studium der ev. Theologie, promovierte bereits mit 21 Jahren, legte sein Vikariat in Barcelona als echt konservativer Deutsch-Nationaler (»Notfalls müssen wir unser deutsches Volk mit Waffen schützen«, Bonhoeffer 1927) ab, habilitierte sich bereits mit 24 Jahren in Berlin zum Privatdozenten der ev. Theologie, bekehrte sich mit 25/26 Jahren in den schwarzen Ghettos der Baptisten in Harlem/NY zum bedingungslosen Pazifisten, revoltierte als jung ordinierter Pfarrer seit Hitlers Machtergreifung am 30. Januar 1933 lautstark gegen Führerkult, staatlich verordneten Antisemitismus, kirchliche Gleichschaltungsversuche und kirchlichen Arierparagraphen, wurde mit Rede-, Schreib- und Reiseverbot belegt, wirkte mit 27/28 Jahren für 1 ½ Jahre als Pfarrer in London, wurde mit 28 Jahren Jugendsekretär des »Weltbundes für Freundschaftsarbeit der Kirchen«, übernahm mit 30 Jahren die illegale Vikarsausbildung für die Vikare der »Bekennenden Kirche« in Finkenwalde/ Stettin, reiste mit 33 Jahren für eine Gastdozentur nach New York – kehrte aber schon nach wenigen Tagen im Juli 1939 mit dem letzten Schiff wieder zurück »in die Schützengräben des deutschen Widerstandes«, in die ihn Gott berufen habe. Hier, am Beginn des Zweiten Weltkrieges, entstand und entwickelte sich der Geist seiner späteren Gedichte. Er entschloss sich, zusammen mit seinem Schwager H. v. Dohnany am konspirativen Widerstand zur Tötung Hitlers und der Nazi-Elite teilzunehmen, schrieb während seiner heimlichen Kurier-Reisen im Dienst der »Abwehr West« an seiner *Ethik*, segnete am 23. März 1943 den Major von Gerstorf, bevor dieser sich mit seinem Sprengstoffmantel neben Hitler stellen und in die Luft sprengen wollte (das Attentat scheiterte), und wurde am 5. April 1943 mit 37 Jahren in Berlin-Tegel inhaftiert, – nicht seiner Konspiration wegen, sondern weil er der Fluchthilfe für Juden bezichtigt wurde. Zwei Jahre war er unter grauenhaften Bedingungen eingekerkert, bis er am 9. April 1945, elf Tage vor Hitlers und der anderen Naziführer Selbsttötung, als »persönlicher Gefangener des Führers und auf dessen Befehl« im KZ Flossenbürg erhängt wurde.

Während seiner zweijährigen Haft konnte er viele Briefe schreiben, die seine Verlobte Maria von Wedemeyer oder sein wohlwollender Gefängniswärter Knobloch rausschmuggelten. Sie sind seit 1964 von seinem Lebensfreund und Biographen Eberhardt Bethge unter dem Titel *Widerstand und Ergebung* herausgegeben worden und bis heute in ca. 20 Sprachen erschienen.[1] Sie enthalten die zehn Gedichte, von denen ich zwei heute herausnehmen und Ihnen vortragen möchte.

Das Gedicht *Stationen auf dem Weg zur Freiheit*

Das Gedicht *Stationen auf dem Weg zur Freiheit* hat Bonhoeffer am Tag nach dem gescheiterten Attentat auf Hitler am 20. Juli 1944, also am 21. Juli 1944 geschrieben (endgültige Niederschrift 14. August). Er hatte in seiner Zelle von dem Scheitern und der Hinrichtung Graf von Stauffenbergs u.a. erfahren. Damit brachen für ihn die letzten Hoffnungen zusammen und er rechnete ab jetzt noch

---

1 Dietrich Bonhoeffer. *Werke* (DBW). Bd. 8. Hg. von E. Bethge, Chr. Gremmels, J. Henkys. München 1998.

sicherer als zuvor mit seiner eigenen Ermordung. Das Gedicht spiegelt seine Gewissheit wider, hingerichtet zu werden. Es trägt folgenden Wortlaut:

Stationen auf dem Weg zur Freiheit

Zucht

Ziehst du aus, die Freiheit zu suchen, so lerne vor allem
Zucht der Sinne und deiner Seele, dass die Begierden
und deine Glieder dich nicht bald hierhin, bald dorthin führen.
Keusch sei dein Geist und dein Leib, gänzlich dir selbst unterworfen,
und gehorsam das Ziel zu suchen, das ihm gesetzt ist.
Niemand erfährt das Geheimnis der Freiheit, es sei denn durch Zucht.

Tat

Nicht das Beliebige, sondern das Rechte tun und wagen,
nicht im Möglichen schweben, das Wirkliche tapfer ergreifen,
nicht in der Flucht der Gedanken, allein in der Tat ist die Freiheit.
Tritt aus ängstlichem Zögern heraus in den Sturm des Geschehens,
nur von Gottes Gebot und deinem Glauben getragen,
und die Freiheit wird deinen Geist jauchzend empfangen.

Leiden

Wunderbare Wandlung. Die starken Hände sind dir gebunden.
Ohnmächtig und einsam siehst du das Ende deiner Tat.
Doch atmest du auf und legst das Rechte still und getrost
in stärkere Hände und gibst dich zufrieden.
Nur einen Augenblick berührtest du selig die Freiheit,
dann übergabst du sie Gott, damit er sie herrlich vollende.

Tod

Komm nun höchstes Fest auf dem Weg zur ewigen Freiheit,
Tod, leg nieder beschwerliche Ketten und Mauern
unsers vergänglichen Leibes und unsrer verblendeten Seele,
dass wir endlich erblicken, was hier uns zu sehen missgönnt ist.
Freiheit, dich suchten wir lange in Zucht und in Tat und in Leiden.
Sterbend erkennen wir nun im Angesicht Gottes dich selbst.

Das Gedicht beschreibt Bonhoeffers eigenen Weg des Widerstandes gegen die – wie er sich ausdrückte – »Maskerade des Bösen«. Er verstand diesen Weg als »Weg zur Freiheit«:

»Zucht« hieß für ihn: Nicht feige sein! Sich nicht zurückziehen in die Schuld-
losigkeit! Nicht die Hände in Unschuld waschen und behaupten: Ich habe mit
dieser Ermordung von Millionen Menschen nichts zu tun! Und vor allem auch
nicht argumentieren: Gegen die Obrigkeit dürfe niemand rebellieren; man müsse ihr untertan sein! Das sind, wie er schon in seiner *Ethik* 1939[2] betont hatte,
»Begierden, welche die Glieder bald hierhin, bald dorthin führen«. Ja, sich auch
auf das 5. Gebot »Du sollst nicht töten« zu beziehen und sich aufgrund dieses
Gebotes vom Widerstand fernzuhalten, ist für ihn eine »unkeusche Begierde«.
Denn er war schon in seiner *Ethik* überzeugt: »Es gibt Situationen, in denen wir
das 5. Gebot brechen müssen, um es zu erfüllen!« Das waren ungeheuerliche
Aussagen und kehrten das, was im konservativen Luthertum als züchtig ver-
standen worden war, in das Gegenteil um: Nicht Obrigkeitsgehorsam, sondern
Obrigkeitswiderstand war für Bonhoeffer das Gebot der Zucht.

Ähnlich ist das Wort »keusch« bei ihm zu verstehen: Es bedeutete für ihn
»einfach«, »unverbildet« und »uneigennützig«. Einfach, unverbildet und uneigennützig solle derjenige, der den Millionenmord und die Opfer »unter dem
Rad der Wahnsinnigen« sieht, dafür eintreten, dass »dem Rad in die Speichen
gefallen wird«. An anderer Stelle drückte er es so aus:

Nur wer mit dem Bewusstsein eines unschuldigen, unverbildeten und uneigen-
nützigen Kindes das Grauen sieht und sagt »Hier müssen doch die Verursacher
gestoppt, notfalls getötet werden«, nur der kann für den Frieden eintreten.

Das verstand er unter Zucht und Keuschheit. Er selbst ist diesen Weg gegangen.

»Tat« bedeutete für ihn, nicht das Beliebige und Mögliche, sondern das Richtige und Wirkliche zu tun und zu wagen. Was meinte er mit »das Wirkliche«?
Die wahre Wirklichkeit ist für ihn die von Gott versöhnte Wirklichkeit gewesen.
Er glaubte, dass »die Wirklichkeit« aufgrund der Selbstoffenbarung Gottes in
Jesus, dem Christus, friedensfähig geworden sei, auch wenn es danach überhaupt
nicht aussah. Und beim Widerstand gegen die »Maskerade des Bösen« ging es
ihm darum, diese Seite der Wirklichkeit hervorzukehren und im Glauben daran, dass Friede möglich sei, dem Bösen zu widerstehen. Damit wandte er sich
gegen alle, die mit Kant oder dem Luthertum »mit ängstlichem Zögern« »in der
Flucht der Gedanken« ihr Heil suchten und ständig »Ja, aber« sagten. Sie seien,
so Bonhoeffer, nicht bereit, »dem Rad in die Speichen zu fallen« und ihr Leben
im Widerstand gegen das Böse zu riskieren. Sie würden letztlich auch nicht an
Gottes Neuschöpfung einer friedensfähigen Wirklichkeit glauben. Gottes Gebot

2   DBW Bd. 6. Hg. von Ilse und H.E. Tödt, E. Feil und Cl. Green. München 1992.

in der Gegenwart laute: »Töte den Führer!« Wer dazu im Glauben in der Lage sei, werde »die Freiheit jauchzend empfangen«.

»Leiden« sei die nächste Stufe. Seine Inhaftierung am 5. April 1943 hatte seine »starken tätigen Hände« gebunden und ihn »ohnmächtig und einsam« werden lassen. Im Gefängnis hatte er jeden Kontakt zur »Abwehr West« und zu seinen Konspiranten, den Generälen Canaris und Oster verloren. Er musste für seine »Tat« leiden. Er wusste, dass er nach damaligem Nazi-Recht verhaftet, der Volksverhetzung und des Landesverrats bezichtigt und vom Volksgerichtshof zum Tode verurteilt werden könnte. Die »Hände waren ihm endgültig gebunden.« Aber schon in seiner *Ethik* hatte er wiederholt betont: Wer Widerstand übe und gegen Gottes 5. Gebot, ja auch gegen die Bergpredigt Jesu Christi verstoße, müsse »seine Tat Gott ausliefern«. Er selbst sei schuldig geworden, – auch wenn er Millionen Menschenleben gerettet habe. Und über solche Schuld könne nicht er selbst und auch kein einziger Mensch, sondern nur Gott allein urteilen. Deshalb solle, ja müsse er seine Tat »Gott ausliefern«. Im Gedicht nennt er es: »das Rechte still und getrost in stärkere Hand«, nämlich in Gottes Hand legen. Gott wird seine Tat, so war er überzeugt, »herrlich vollenden«. Er glaubte fest, dass sein Widerstand Erfolg haben und die »Maskerade des Bösen« eines Tages zu Ende gehen werde.

Der »Tod« war für ihn das »höchste Fest auf dem Weg zur ewigen Freiheit«. Er rechnete, wie gesagt, nach dem Scheitern des 20. Juli–Attentates am Tag vor dieser Dichtung fest mit seiner Ermordung. Zwar war die Konspiration noch nicht aufgedeckt worden (das geschah erst im September 1944, als in Zossen Geheimakten mit seinem Namen entdeckt wurden), aber trotzdem war er gewiss, dass er sterben müsse. Schon in seiner *Ethik* hatte er den »wahren Tod aus Liebe zum Nächsten« von der »Vergötzung des Todes« (Totenkopfkult etc.) durch die Nationalsozialisten unterschieden. Aber als »Fest auf dem ewigen Weg zur Freiheit« und als Augenblick, in dem wir »im Angesicht Gottes die Freiheit selbst erkennen«, hatte er den Tod bisher noch nicht gedeutet. Zu solchem tiefen Glauben kam er erst, als er diesen Tod direkt vor Augen hatte. Zucht, Tat und Leiden waren für ihn nur Vorstufen »auf dem Weg zur ewigen Freiheit«. Erst im Tod selbst erfülle sich »ewige Freiheit«.

Dieses Gedicht wurde in viele Sprachen übersetzt und von vielen Religionsgemeinschaften rezipiert. Manche verstanden die »Stufen« als mystagogische Erkenntnis Gottes und der ewigen Freiheit. Aber seine Rezeptionsgeschichte ist, wie Jürgen Henkys berichtet,[3] nicht näher bekannt. Deshalb kann ich ihr nicht

---

3   Vgl. Jürgen Henkys. *Geheimnis der Freiheit. Die Gedichte D. Bonhoeffers aus der Haft.* Gütersloh 2005, 180–204, bes. 202–204.

weiter nachgehen und auch nicht herausfinden, ob das Gedicht nach Bonhoeffers Ermordung das öffentliche Friedensbewusstsein gefördert hat.

Man könnte ja sagen, dass hier gar nicht vom Frieden, sondern allein von
Freiheit die Rede ist. Das wäre aber ein Trugschluss. Das Wort »Frieden« durfte
in der Nazi-Zeit nicht benutzt werden. Es war verpönt. Krieg, Zerstörung und
Ausrottung waren geboten, nicht aber Frieden oder gar Versöhnung. Deshalb
benutzte Bonhoeffer dieses Wort auch nicht. Aber er involvierte es in andere
Begriffe wie z.B. »Gottes Wirklichkeit« oder »Verantwortung« und eben auch
»Freiheit«. Stufen auf dem Weg zur Freiheit waren für ihn, so bin ich überzeugt,[4]
auch Stufen auf dem Weg zum (ewigen) Frieden. Und deshalb vermute ich, dass
dieses Gedicht überall, wo für den Frieden gekämpft wird, eine tiefe Wirkung
hatte und hat. Es vermittelt die Einsicht, dass es Frieden nicht ohne Zucht, Tat,
Leiden und gegebenenfalls Tod geben kann. Wer wirklich Frieden will, muss
bereit sein, schuldig zu werden, ggf. Unrecht zu tun und sein Leben zu riskieren.
Aber wie gesagt, mir liegen keine Dokumente zu solcher möglichen Rezeptionsgeschichte des Gedichts vor.

Das sieht anders aus bei dem berühmten Gedicht *Von guten Mächten*.

Das Gedicht *Von guten Mächten*

Am 8. Oktober 1944 wurde Dietrich vom Gefängnis Berlin-Tegel in den Todes-
trakt des Reichssicherheitshauptamtes (RSHA) in der Prinz-Albrecht-Str. verlegt. Die SS-Schergen hatten in Zossen (Mecklenburg) die Akten der Konspira-
teure der »Abwehr West« aufgestöbert, unter denen sich auch der Name Dietrich
Bonhoeffer befand. Dietrich wusste das und rechnete nun endgültig mit seiner
Hinrichtung. Briefe schreiben durfte er nicht – bis auf ganz wenige Ausnahmen.
Zu diesen Ausnahmen gehörte ein Brief an seine Verlobte Maria vom 19. Dezember 1944. Er schrieb:

> „Meine liebste Maria! Ich bin so froh, dass ich Dir zu Weihnachten schreiben
> kann... Es werden stille Tage in unseren Häusern sein. Aber ich habe immer wieder
> die Erfahrung gemacht, je stiller es um mich herum geworden ist, desto deutlicher
> habe ich die Verbindung mit Euch gespürt. Es ist, als ob die Seele in der Einsamkeit
> Organe ausbildet, die wir im Alltag kaum kennen. So habe ich mich noch keinen

4 Vgl. dazu auch mein Buch: Reinhold Mokrosch, Christian Gremmels, Friedrich Johannsen.
Dietrich Bonhoeffers Ethik. Ein Arbeitsbuch für Schule, Gemeinde und Studium. Gütersloh
2003, 108–183.

Augenblick allein und verlassen gefühlt. Du, die Eltern, Ihr alle, die Freunde und Schüler im Feld, Ihr seid mir immer ganz gegenwärtig... Es ist ein großes unsichtbares Reich, in dem man lebt und an dessen Realität man keinen Zweifel hat. Wenn es im alten Kinderlied von den Engeln heißt: »zweie, die mich decken, zweie, die mich wecken«, so ist diese Bewahrung am Abend und am Morgen durch gute unsichtbare Mächte etwas, was wir Erwachsenen heute nicht weniger brauchen als die Kinder. Du darfst also nicht denken, ich sei unglücklich.

Und dann fügte er am Ende des Briefes noch an:

Es sind fast 2 Jahre, dass wir aufeinander warten, liebste Maria. Werde nicht mutlos! [...] Hier noch ein paar Verse, die mir in den letzten Abenden einfielen. Sie sind der Weihnachtsgruß für Dich und die Eltern und Geschwister.[5]

Und dann folgt das Gedicht (ohne Überschrift):

1. Von guten Mächten treu und still umgeben
   behütet und getröstet wunderbar, -
   so will ich diese Tage mit Euch leben
   und mit Euch gehen in ein neues Jahr.

2. noch will das alte unsre Herzen quälen
   noch drückt uns böser Tage schwere Last,
   ach Herr, gib unsern aufgeschreckten Seelen
   das Heil, für das Du uns geschaffen hast.

3. Und reichst Du uns den schweren Kelch, den bittern,
   des Leids, gefüllt bis an den höchsten Rand,
   so nehmen wir ihn dankbar ohne Zittern
   aus Deiner guten und geliebten Hand.

4. Doch willst Du uns noch einmal Freude schenken
   an dieser Welt und ihrer Sonne Glanz,
   dann woll'n wir des Vergangenen gedenken,
   und dann gehört Dir unser Leben ganz.

---

5 Ruth-Alice von Bismarck, Ulrich Kabitz (Hg.). *Brautbriefe. Zelle 92. Dietrich Bonhoeffer – Maria von Wedemyer 1943-1945.* 4. Aufl. München 2004, 208.

5. Lass warm und hell die Kerzen heute flammen
   die Du in unsre Dunkelheit gebracht,
   führ, wenn es sein kann, wieder uns zusammen!
   Wir wissen es, Dein Licht scheint in der Nacht.

6. Wenn sich die Stille nun tief um uns breitet
   so lass uns hören jenen vollen Klang
   der Welt, die unsichtbar sich um uns weitet,
   all Deiner Kinder hohen Lobgesang.

7. Von guten Mächten wunderbar geborgen
   erwarten wir getrost, was kommen mag.
   Gott ist bei uns am Abend und am Morgen,
   und ganz gewiss an jedem neuen Tag.

Ich versuche, die sieben Strophen kurz zu kommentieren:

Zur 1. Strophe: Dietrich redete von »Guten Mächten« im Plural. Wen könnte er damit gemeint haben? In den Balladen von Wilhelm von Scholz, die ihm sein Vater einmal nach Tegel mitgebracht hatte und die er in das RSHA mitnehmen durfte, ist die Rede von »Finsteren, feindlichen Mächten«. Das hatte Bonhoeffer früher übernommen und damit den Nazi-Terror bezeichnet. Jetzt, im Gefängnis, redete er nicht mehr von bösen, sondern nur noch von guten Mächten. Er meinte damit fraglos Maria, die Eltern, die Geschwister, die Freunde und die Schüler, – wie er sie im Brief an Maria aufzählte. Das waren für ihn »gute Mächte«. Und noch mehr: Diese seine Angehörigen empfand er in der Stille der Gefängnis-Isolation als »großes, unsichtbares Reich«. Sie waren für ihn »geistige unsichtbare Welten«, die er sogar mit Engeln – Schutzengeln, Geleitengeln, Mittler-Engeln –, die ihn treu und still umgaben, gleichsetzte. »Gute Mächte« waren für ihn seine Angehören und Freunde, die ihm zu Geleitengeln wurden. – Das Gedicht trägt also einen rein privaten und keinen politischen Charakter. Der Schwenk von den bösen zu den guten Mächten ist ein Schwenk vom Politischen ins Private. Von diesen »guten Mächten« fühlt er sich »behütet und getröstet wunderbar«. Das sind Prädikate, die er aus dem 91. Psalm (»Gott hat seinen Engeln befohlen, dass sie dich behüten auf allen deinen Wegen«), dem 139. Psalm (»Von allen Seiten umgibst du mich und tröstest mich«) und der Bergpredigt (»Selig sind Leidende, sie sollen getröstet werden«, Mt 5,4) entnommen hatte. Das waren für ihn feste Zusagen Gottes. Und dann tröstete er Maria und seine Familie, obwohl eigentlich er von ihnen Trost gebraucht hätte, wenn er fortfuhr: »so will ich diese Tage mit euch leben«. Damit erhielt das Gedicht neben dem Privaten eine seelsorgerliche Ausrichtung. Konnte es in dieser Funktion später das öffentliche Friedensbewusstsein beeinflussen? Ich werde dieser Frage später nachgehen.

Zur 2. Strophe: »Noch will das alte (Jahr) unsre Herzen quälen...« Bonhoeffer bekannte die Lasten und Bedrückungen des furchtbaren Jahres 1944, den 20. Juli, den 8. Oktober u.a., aber er stellte sie unter den zeitlichen Vorbehalt »noch«. Eines Tages werden, dessen war er gewiss, auch diese Bedrückungen weichen. – Aber trotzdem flehte er: »Ach Herr, gib unsern aufgeschreckten Seelen das Heil, für das du uns geschaffen hast!« Angst und Hoffnung schrieen aus ihm heraus. So wie Jesus in Gethsemane flehte: »Vater ist's möglich, so nimm diesen Kelch von mir«, so bat Bonhoeffer um Heil. Er war sich gewiss, dass alles dem Heil dienen würde. Welches Heil? Ein irdisches oder ein transzendentes? Heil ereignete sich nach seinen Vorstellungen immer mitten im Leben. Ich vermute, dass er auch hier »diesseitiges Heil« meinte.

Zur 3. Strophe: Er stimmte mit Jesu Bekenntnis in Gethsemane »Vater, nicht wie ich will, sondern wie du willst« überein, als er formulierte: »Und reichst du uns den schweren Kelch, den bittern, des Leids bis an den höchsten Rand, so nehmen wir ihn dankbar ohne Zittern«. Die Tiefe und Gefasstheit dieser einmaligen Strophe spiegelt Bonhoeffers vorbehaltlose Bereitschaft, um seines Einsatzes für die Opfer des Nazi-Terrors wegen sterben zu wollen, wieder. »Dankbar und ohne Zittern« wird er das Todesurteil hinnehmen, weil er fest glaubt, dass Gott sein Friedenswerk vollenden wird. Wieso und warum redete er aber von »wir« und »uns«? Schloss er Maria und seine Familie in das Leiden mit ein? Ja, so ist es. Zwar wollte er ihnen körperliches Leid ersparen. Deshalb hatte er es im Juni ja auch abgelehnt, mit Hilfe seines Bewachers Knobloch zu fliehen; weil er wusste, dass dann seine Familienangehörigen in Haft genommen werden würden. Aber er wusste auch, dass er ihnen seelisches Leid nicht ersparen könnte. Deshalb redete er von »wir« und nicht nur von »ich«.

Zur 4. Strophe: Bewusst erhofft er noch einmal irdisches Glück: »Doch willst du uns noch einmal Freude schenken an dieser Welt und ihrer Sonne Glanz.« Irgendwie erhoffte er doch noch eine Wende. Inwiefern das, gerade nach der 3. Strophe, reale oder utopische Hoffnung war, muss unbeantwortet bleiben. Wahrscheinlich trifft beides zu. Entscheidend ist, dass er für den Fall einer unverhofften Wende sich fest vornahm: »dann woll'n wir des Vergangenen gedenken, und dann gehört dir unser Leben ganz«. Er möchte das Leid nie vergessen! Und er mahnt jeden: Vergesst nicht das Leid und das Grauen! Nur dann können wir unser Leben ganz in Gottes Hände legen.

Zur 5. und 6. Strophe: Die Erinnerung an frühere Weihnachtstage flackerten wieder in ihm auf: »Lass warm und hell die Kerzen flammen, die Du in unsre Dunkelheit gebracht.« Früher bezog sich die »Dunkelheit« auf die dunkle Jahreszeit. Jetzt bezeichnete sie das Leid im Kellergefängnis. Aber ob zu Hause oder in

der Todeszelle – er erhoffte sich Wärme und Licht von Gott. – Und dann kommt
völlig unverhofft die Bitte um eine Wende des Schicksals, wie er es bereits in der
4. Strophe angedeutet hatte: »führ, wenn es sein kann, wieder uns zusammen!«
Ist es die Bitte um eine diesseitige oder um eine jenseitige Zusammenführung?
Die Zeile wird heute auf vielen Traueranzeigen als Bitte um Zusammenführung
im Jenseits benutzt. Ich vermute aber stark, dass Bonhoeffer auf eine diesseitige
Zusammenführung hoffte. Immer wieder flackerten reale Hoffnungen in ihm
auf. Aber gleich in der nächsten Zeile fügt er sich in die Gewissheit, dass Gottes
Licht auch in der Todeszelle leuchtet: »Wir wissen es, Dein Licht scheint in der
Nacht.« Und er gab sein Empfinden in der total Stille der Isolations-Zelle wieder:
»Wenn sich die Stille nun tief um uns breitet«, dann wollte er gerade in solcher
Isolationsstille den Jubelklang und Gesang der Welt Marias und seiner Familie
und Freunde hören können: »so lass uns hören jenen vollen Klang«. Stärker
konnte der Widerspruch nicht sein: Er war isoliert und hörte kein einziges
Geräusch, und doch hörte er die Weihnachtslieder seiner Angehörigen, die er
als »Lobgesang« interpretierte. Der Widerspruch zwischen Befreiungshoffnung
und Todesgewissheit, zwischen der Hoffnung auf Zusammenführung und der
Gewissheit endgültiger Trennung kulminiert in diesem Widerspruch zwischen
Isolationsstille und Weihnachtsfülle.

Zur 7. Strophe: Die Gewissheit Bonhoeffers, dass »Gute Mächte« ihn tragen
werden, lässt ihn ruhig und getrost sein. Er erwartete getrost alles, was es auch
immer sein möge. Und er war sich wie als Kind, als er betete »Zwei Engel, die
mich (am Abend) decken, zwei Engel, die mich (am Morgen) wecken« gewiss,
dass Gott genau so am Abend und am Morgen und an jedem neuen Tag bei ihm
sein und ihn behüten wird, – was auch immer kommen mag.

Hat dieses privat-seelsorgerliche Gedicht, das bis heute in 30 bis 50 Sprachen übersetzt worden ist, irgendwo einen Einfluss auf das öffentliche Friedensbewusstsein gehabt? Bevor ich die Wirkungsgeschichte des Gedichts beschreibe,
gehe ich noch auf Grundsätze der Friedensethik Bonhoeffers ein, ohne die beide
Gedichte nicht zu verstehen sind.

Sechs Grundsätze Bonhoeffers zur Ethik eines Christen
(entwickelt 1934-1944)

1. Grundsatz

Auf seiner Grundsatzrede als Jugendsekretär des »Weltbundes für Freundschaftsarbeit der Kirchen« im August 1934 auf der dänischen Insel Fanö rief
Bonhoeffer seinen Hörern zu: »Ich glaube, dass die Wirklichkeit friedensfähig
und friedenswürdig ist, weil Gott sich mit ihr in Christus versöhnt hat.«

Er betonte damit, dass Frieden möglich, aber freilich noch nicht wirklich sei. Damit richtete er sich sowohl gegen ein seiner Meinung nach idealistisches Wirklichkeitsverständnis, nach dem die Wirklichkeit bereits friedlich sei, als auch gegen ein positivistisches Wirklichkeitsverständnis, nach dem die Wirklichkeit grundsätzlich böse sei. Er glaubte an möglichen Frieden und an mögliche Gerechtigkeit. Dafür müsse man sich einsetzen und »das Wirkliche tapfer ergreifen« (2. Strophe »Tat«), denn ›es gibt nichts Gutes außer man tut es‹. Bonhoeffer wandte sich damit gegen alle Wirklichkeitsdualismen, erst recht gegen die lutherische Abtrennung eines Reiches Gottes vom einem Reich der Welt. Die Wirklichkeit war für ihn eine einheitliche Wirklichkeit.

In diesem Geist sind die beiden Gedichte zu verstehen: Mit »ewiger Freiheit« meinte er nicht eine andere als irdische Freiheit; und unter »Heil« verstand er auch irdisches, weltliches Heil.

2. Grundsatz

Als Direktor des illegalen Predigerseminars in Finkenwalde formulierte er im September 1936: »Die Bergpredigt Jesu ruft uns zu kompromissloser Nachfolge auf, nämlich keine Gegengewalt anzuwenden, den Feind zu lieben, nicht zu verurteilen, Unrecht zu erleiden und uns nicht zu zersorgen.«

Zu dieser Zeit erwartete Bonhoeffer von sich und anderen Leidensbereitschaft gegenüber dem Terror der Nazis. Denn er war überzeugt, dass sich das Böse totlaufe, wenn ihm kein gewalttätiger Widerstand geleistet würde. Freilich gab er diesen Glauben später, 1939, auf, als er sich zur gewalttätigen Konspiration gegenüber Hitler und der Nazi-Elite entschloss. Aber Relikte dieser Überzeugung hatte er sich bewahrt. Sie sind in der Strophe wiederzufinden, in der es heißt: »Und reichst Du uns den schweren Kelch, den bittern, des Leids [...] so nehmen wir ihn dankbar ohne Zittern«. Das war tiefste Nachfolge im Geist der Bergpredigt.

3. Grundsatz

Als er sich 1939 zur Teilnahme an der Konspiration entschloss, vertrat er den Grundsatz: »Nicht Prinzipien und Normen, sondern nur das Hören auf Gottes Willen in konkreter Situation ermöglicht eine verantwortliche Entscheidung.«

Der Umschlag von der Bergpredigt-Position 1936 zur Konspirations-Position 1939 war radikal: Bonhoeffer lehnte jetzt alle Prinzipien und allgemeingültigen Normen ab, – auch das 5. Gebot »Du sollst nicht töten« und auch das Bergpredigt-Gebot »Wenn dich jemand auf die rechte Wange schlägt, dann halte ihm auch die andere hin«; und er forderte dazu auf, in jeweils konkreter Situation genau auf Gottes Willen hinzuhören. Es könnte ja sein, dass Gott fordert, seine Gebote zu übertreten, »um sie zu erfüllen«. Er riet dazu, dass jeder Christ in solcher konkreten Situation Christus fragen sollte: ›ie würdest du jetzt entscheiden und handeln, Jesus Christus?‹ Und er solle so objektiv wie möglich hinhören auf Christi Antwort und auf Gottes Willen. – In seinem Freiheits-Gedicht beschrieb er solche Situation als »Sturm des Geschehens, nur von Gottes Gebot und deinem Glauben getragen«.

4. Grundsatz

Am 23. März 1943 segnete Bonhoeffer den Attentäter Major von Gersdorf, der Hitler mit einer Bombe am eigenen Körper töten wollte. Zu dieser Zeit entwickelte er den Grundsatz: »Ich bin bereit, selbst schuldlos schuldig zu werden, in Stellvertretung für die Schweigenden, – um des Friedens willen«.

Er war bereit, »dem Rad in die Speichen zu fallen«, denn er war überzeugt: »Die größte Sünde ist es, Sünde um jeden Preis vermeiden zu wollen.« Er war sich bewusst, dass sein Attentat tiefste Sünde sei und böse bleibe, auch wenn er dadurch Menschenleben retten würde. Aber er konnte nicht anders als sündigen. Und er lieferte seine Tat, wie gesagt, Gott aus. – Solches »schuldlos schuldig werden« drückte sich in seiner Formulierung aus: »Nicht das Beliebige, sondern das Rechte tun und wagen.«

5. Grundsatz

Nach dem gescheiterten Attentat am 20. Juli 1944 war er überzeugt: »Wir sollen gleichförmig werden mit Jesus Christus: So wie er um des Friedens willen unmenschliche Gesetze übertreten und dafür gelitten hatte, so sollen auch wir um des Friedens willen unmenschliche Gesetze übertreten und bereit sein, dafür zu leiden und zu sterben.«

Das war Bonhoeffers neues Verständnis von Christus-Nachfolge. Er orientierte sich nicht mehr primär an Jesu Geboten, sondern an Jesus eigenem Lebensweg. So wie Jesus stellvertretend für die, die nicht zum Widerstand gegen Unmenschlichkeit bereit waren, gelitten hatte, so sollen auch wir stellvertretend für diese leiden. Wir sollen, um es zu wiederholen, mit Christus »gleichförmig« werden. – Die vier Stufen des Freiheits-Gedichtes könnten deshalb auch als Stufen des Lebensweges Jesu Christi verstanden werden.

6. Grundsatz

Im Sommer 1943 formulierte er ein *Schuldbekenntnis der Kirche*, von dem die Kirche freilich nichts wusste und sicherlich auch nichts hätte wissen wollen. Bonhoeffer bekannte: »Die Kirche sollte der Ort solcher christlichen Ethik sein, – aber sie ist es nicht. Deshalb sollen wir auch gegen die Kirche Widerstand leisten.« Bonhoeffer erwartete, dass die sichtbare, vorfindliche Kirche immer gegen Unrecht und Unmenschlichkeit protestieren müsse. Sie sollte ihrerseits bereit sein, selbst schuldlos schuldig zu werden, – stellvertretend für die feigen Mitläufer. Aber die Kirche tat es eben nicht. Ja, sie verurteilte Bonhoeffer, als er inhaftiert wurde, und strich seinen Namen von der offiziellen Fürbittenliste, – weil er der Obrigkeit gegenüber nicht gehorsam war, sondern Widerstand geleistet hatte! Welch historische Ironie!

Die Wirkungsgeschichte des Gedichtes *Von guten Mächten*

Hat das Gedicht *Von guten Mächten* das öffentliche Friedensbewusstsein beeinflusst und befördert? Ich sehe fünf Wellen der Wirkungs- und Rezeptionsgeschichte des Gedichtes seit Bonhoeffers Ermordung.[6]

Die 1. Welle: Die Guten Mächte des Sozialismus (1955–1960)
Kurz nach Veröffentlichung der Gefängnisbriefe und damit auch der Gefängnisgedichte durch Eberhard Bethge im Jahr 1951 setzte eine erste Bonhoeffer-Rezeption in den Jahren 1955–1960 in der DDR ein. Der sozialistisch ausgerichtete Theologe Hanfried Müller schloss 1956 seine Dissertation *Von der Kirche zur Welt. Dietrich Bonhoeffers theologische Entwicklung* ab und interpretierte darin die »Guten Mächte« als die guten Mächte des Sozialismus.[7] Er begründete das mit Bonhoeffers angeblichem Schwenk von der Kirche zur Welt und von der Jenseitigkeit zur vollen Diesseitigkeit. Wie kein anderer Theologe hätte Bonhoeffer für eine mündige Welt plädiert, die leben sollte »als ob es Gott nicht gäbe«. Das sozialistische Missverständnis Bonhoeffers liegt hier freilich auf der Hand. Aber es ist nicht zu bestreiten, dass die beiden Gedichte durch Müller auf das öffentliche Friedensbewusstsein vieler DDR-Bürger/innen Einfluss gehabt haben.

Der DDR-Dichter Arnim Stolpe hatte gedichtet: »Die guten Mächte des Sozialismus – die sind es, die uns still und treu umgeben; in denen wir geborgen sind.« Dafür hatte er drei Gründe angegeben: (1) Bonhoeffer habe mit der herkömmlichen Religion und dem herkömmlichen Gottesglauben (Gott im Himmel) abgerechnet; (2) er habe erkannt, dass der Sinn des Lebens darin bestehe, für andere dasein zu wollen; (3) und er hatte als Antifaschist konsequent den Faschismus bekämpft. Stolpe hatte Bonhoeffer noch mehr verzeichnet als Müller, weil er von Bonhoeffers Ethik und Theologie gar nichts mehr übrig ließ. Aber

---

6 Ich orientiere mich im Folgenden an den o.g. (Anm. 3) Untersuchungen von J. Henkys und an meinen eigenen Recherchen.
7 Hanfried Müller. *Von der Kirche zur Welt. Ein Beitrag zu der Beziehung des Wortes Gottes auf die societas in Dietrich Bonhoeffers theologischer Entwicklung.* 2. Aufl. Leipzig 1966.

trotzdem hat er mit seinem Werk das öffentliche Friedensbewusstsein vieler DDR-BürgerInnen beeinflusst.

Die 2. Welle: Die Guten Mächte des Christentums (1960–1970)
1958 hatte W.H. Auden ein Gedicht mit dem Titel *Fridays Child* geschrieben und hinzugefügt »In memory of Dietrich Bonhoeffer, martyred at Flossenbürg, 9th April 1945«. Darin beschreibt er die Ängste eines Kindes, das sich aber trösten lässt mit der berühmten 7. Strophe des Gedichts:

> While all the powers of Got aid and attend us
> boldly we'll face the future, be it what may,
> at even and at morn, God will befriend us,
> and oh, most surely on each new year's day!

Das Gedicht hat hier ausschließlich christlich-seelsorgerliche Bedeutung. Es dient zum Trost eines kleinen Kindes. Im gleichen Jahr 1958 wurde das gesamte Gedicht mit seinen sieben Strophen von Otto Abel als Kirchenlied vertont und fand Eingang in das Evangelische Kirchengesangbuch. Viel später, 1970 wurde es von Siegfried Fietz im Sacro-Pop-Stil vertont und ebenfalls in das EKG aufgenommen. Weitere Gefängnisgedichte wurden vertont. Und in den späten 1960er Jahren begann eine wahre Flut an Bonhoeffer-Kompositionen: Motetten, Choralsätze, Kantaten und Oratorien, welche alle das Gedicht *Von guten Mächten* im Zentrum enthielten, wurden von unterschiedlichsten Komponisten aufgeführt. Sie alle betonten die christlich-seelsorgerliche Seite der »Guten Mächte« und wollten dazu auffordern, dass wir aufmerksam die Guten Mächte um uns herum wahrnehmen sollten, dass wir unser Dasein als Dasein-für-andere gestalten müssten, dass wir uns mit dem Tod vertraut machen sollten und dass wir Gottes Schutz mitten im Leid entdecken könnten. Es waren Jahre einer christlich-seelsorgerlichen und nicht politischen Rezeption des Gedichts.

Die 3. Welle: Die guten Mächte der Hoffnungsrituale (1970er/1980er Jahre)
Durch die Lied-, Kantaten- und Motettenvertonungen wurde das Gedicht zunehmend von Beerdigungsunternehmern und anderen Agenten der Hoffnungsrituale entdeckt. Es erschien auf Traueranzeigen (»führ, wenn es sein kann, wieder uns zusammen! Wir wissen es, Dein Licht scheint in der Nacht« und die komplette 7. Strophe), auf Grabsteinen, auf Gedenktafeln und in Kondolenzschreiben. Auch auf Weihnachtskarten, Neujahrkarten, Geburtstags-, Hochzeits-, Trauungs- und Taufkarten wurde es vermarktet – freilich immer ohne die 3. Strophe! Und da in diesen 1970er/1980er Jahren jede deutsche Stadt mit über 100.000 Einwohnern mindestens eine Dietrich-Bonhoeffer-Straße, -Schule,

-Parkanlage, -Kirche, -Gemeinde o.ä. erhielt, war das eine gute Gelegenheit, auf Tafeln in Schulen, Kirchen, Gemeindehäusern, ja an Brücken und auf Plätzen das Gedicht (auszugsweise!) abzudrucken. (Persönliche Anmerkung: Wenn ich mich einem Bahnhof nähere und schon von weitem die Buchstaben DB sehe, denke ich: Schon wieder...). Die *Guten Mächte* waren und sind überall präsent. Sie trösten, schaffen Geborgenheit und fördern vermutlich auch die Friedensbereitschaft, – aber eben nur im Privaten, nicht für das öffentliche Friedensbewusstsein.

Die 4. Welle: Die »Guten Mächte« des politischen Widerstandes (1990er Jahre)
Das änderte sich in den 1990er Jahren. Das Gedicht wurde jetzt in Anerkennung des politischen Widerstandes Bonhoeffers rezipiert. Schon 1977 hatte der Kommunist, Antifaschist und Humanist Alfred Hrdlicka, österreichischer Bildhauer, eine Bonhoeffer-Büste aus Bronze gegossen. Sie war traditionell-realistisch gefertigt, ohne kirchliches oder religiöses Image: Bonhoeffer mit einem Strick um den Hals, was seine faschistischen Henker anklagen sollte; und darunter die 7. Strophe unseres Gedichts. Der Künstler wollte das politische Friedensbewusstsein wecken und fördern.

1997 hatte der Ostberliner Bildhauer Karl Biedermann einen Bronzetorso *Für Dietrich Bonhoeffer* gefertigt, der den Widerstandskämpfer ohne Kopf und ohne Arme zeigt. Der Künstler wollte den Märtyrertod und das unvollendete Leben Bonhoeffers hervorheben. 1999 wurde dieses Werk in Dietrichs Geburtsstadt Breslau/Wrocław aufgestellt. Es klagt alle an, die Bonhoeffer Kopf und Arme abgerissen haben. Vor diesem Torso stand 1998 der polnische Dichter Tadeusz Różewicz. Er versenkte sich in den Märtyrer und hörte diesen zu ihm sprechen:

> Fang von vorn an!, sagtest Du, Dietrich, zu mir, fang nochmals an mit dem Leben, dem Laufen-lernen, dem Schreiben- und Lesen-lernen, mit dem Denken! Das müssen wir begreifen, sagtest Du zu mir, dass Gott aus dieser Welt ging, damit wir erwachsen werden; damit wir lernen, ohne Vater zu leben; so als ob es Gott nicht gäbe.

Różewicz rief unter Berufung auf Bonhoeffer zum Umdenken alles Herkömmlichen und Bürgerlichen auf. Er forderte zum Widerstand gegen alles Unmenschliche auf. Und er forderte auf, notfalls »den Kelch des Leids« auszutrinken.

Diese Tendenz wurde in den 1990er Jahren unterstützt durch eine Flut an Tagungen, Aus- und Fortbildungsveranstaltungen zu Bonhoeffer, in denen sein politischer Widerstand hervorgehoben wurde. Und natürlich wurden und werden dazu unsere beiden Gedichte rezitiert. Sie beeinflussten in diesen Jahren fraglos das öffentliche Friedensbewusstsein.

Die 5. Welle: Die Guten Mächte der Friedenspolitik (Neues Jahrhundert)
Seit einigen Jahren wird Bonhoeffer zunehmend friedenspolitisch rezipiert. Und
das gilt auch für die Rezeption seiner Gedichte. Freilich gab es auch perverse
Rezeptionen. So z.B. als George W. Bush am 23. Mai 2002 in seiner Rede vor dem
deutschen Bundestag vermerkte:

> Die Geschichte Ihres großen Landes wird angeführt von Dietrich Bonhoeffer. Er
> war ein Vorbild [example] für die Bereitschaft, sein Leben für andere zu opfern
> und als Märtyrer zu sterben. [...] Er war »beseelt von Guten Mächten« [inspired
> with every power for good]. Er war ein Vorbild auch für uns Amerikaner, sich für
> Demokratie und christliche Werte einzusetzen. [Das Protokoll vermerkte: »verein-
> zelt Applaus«.]

Aber neben solcher perversen Rezeption gab es viele positive Rückgriffe auf
Bonhoeffers Friedensethik. So hat z.B. unser alter Bundespräsident Johannes
Rau Bonhoeffer glaubhaft als Vorbild für Widerstand gegen Unmenschlichkeit
herangezogen. Inwiefern glaubwürdig? Weil er betonte, dass Bonhoeffer nur im
Glauben an die von Gott versöhnte und friedensfähig gemachte Wirklichkeit
Widerstand geleistet habe. Johannes Rau hat den theologischen Hintergrund
nicht abgeschnitten, sondern beibehalten. Auch der Sozialpolitiker Norbert
Blüm hat oft Bonhoeffers Verständnis von Kirche als »Kirche für andere« für
seine Sozialpolitik in Anspruch genommen und dabei ebenfalls Bonhoeffers
Theologie mit einbezogen.

In anderen Ländern wird Bonhoeffer ebenfalls zunehmend friedenspolitisch
herangezogen. In Süd-Indien (Bangalore) habe ich während meiner Gastprofes-
sur 2010 selbst erlebt, welche Rolle Bonhoeffer dort spielt. Er wird von vielen mit
Mahatma Gandhi gleichgesetzt, zumal beide aus religiösen Gründen überzeugt
waren, dass Frieden möglich sei.

Stationen auf dem Weg zur Freiheit und *Von guten Mächten frei und still
umgeben* – diese beiden Gedichte haben sowohl auf das privat-persönliche als
auch auf das gesellschaftlich-öffentliche Friedensbewusstsein eingewirkt. Ob sie
Frieden gestiftet haben, wissen wir nicht. Es ist zu wünschen, dass sie weiterhin
bewusst oder unbewusst für Frieden wirken, – denn Frieden ist möglich!

STEFAN LÜDDEMANN

Der Krieg als Suchbild
Mit Winfried G. Sebald
in den Landschaften der Erinnerung

Ob Krieg, Kolonialismus, Vertreibung und Flucht – selten hat ein Schriftsteller die Nachtseiten der jüngeren Geschichte, ja der westlichen Zivilisationen insgesamt eindringlicher ausgeleuchtet als Winfried Georg Sebald. »Indem ich jetzt [...] noch einmal unsere beinahe nur aus Kalamitäten bestehende Geschichte überdenke«:[1] Diese resignative Formulierung, die sich ganz am Ende seines Buches *Die Ringe des Saturn* findet, umgreift die eigentümliche Mischung aus melancholischer Rückschau und rückhaltloser Analyse, mit der dieser Schriftsteller die Verheerungen beschreibt, die Gewalt und Konflikt den Menschen antun. Heilungen bietet Sebald nicht an. Er öffnet umso gnadenloser den Blick, so eine Formulierung aus seinem Meisterwerk *Austerlitz*, für die »Schmerzensspuren, die sich [...] in unzähligen feinen Linien durch die Geschichte ziehen«.[2] Als Spezialist für das Thema Krieg müsste sich dieser Autor mit seinem Werk also bestens in einen Überblick fügen, der dem »Krieg in den Köpfen« nachspüren möchte, auch im Sinn friedenspädagogischer Bemühung.

Doch gerade solchem Anliegen sperren sich Autor und Werk – und das nicht nur deshalb, weil der Rechercheur Sebald niemals den scheinbar direkten Weg geht, sondern die Geschichte wie ein verwinkeltes Gängesystem auf Neben- und Umwegen erkundet. Wer sich diesem Werk nähern möchte – und das ist schon wegen seines exzeptionellen Ranges eigentlich unabdingbar – der sollte sich frühzeitig von Erwartungen lösen, die eine angemessene Lektüre nur behindern

1 Winfried G. Sebald. *Die Ringe des Saturn. Eine englische Wallfahrt.* 8. Aufl. Frankfurt/Main: Fischer, 2004, 350.
2 Winfried G. Sebald. *Austerlitz.* 2. Aufl. Frankfurt/Main: Fischer, 2003, 24.

können. Gleich zu Beginn sind also drei Enttäuschungen zu benennen, die Sebald dem emphatisch friedensbewegten Leser bereiten muss:

- Krieg ist ein zentrales Thema Sebalds. Doch es wird nicht auf einer Ebene greifbar, die sich als Handlungsoberfläche beschreiben ließe. Sebald arbeitet stattdessen mit indirekten Mitteln der Perspektivierung und deshalb mit vielfältigen Brechungen.
- Sebald hält sich mit moralischen Urteilen zurück. Die Unterscheidung von Gut und Böse – unabdingbare Voraussetzung für eindeutige Parteinahme – enthält er uns vor. An die Stelle der Emphase setzt dieser Autor die tief schürfende Analyse.
- Seine Bücher entbehren jeden direkten Appellcharakters. Sebald lässt sich nicht verwerten als Belegstelle eines friedensbewegten Engagements, das seiner Sache allzu sicher ist. Literatur, wie sie Sebald geschrieben hat, ist kein Breitbandantibiotikum gegen den Virus der Gewalt, kein wohlfeiles Allheilmittel gegen alle Übel dieser Welt.

Dabei ist Sebald mit seinem Werk gerade deshalb wertvoll, weil er die allzu direkten Wege versperrt, ein Engagement unmöglich macht, dass sich die Dinge dieser Welt zu einfach zurecht legt. Das Thema Krieg beschäftigt diesen Autor eine ganze, an ihren Jahren gemessen sehr kurze Schriftstellerexistenz lang. Die Schrecken der Gewalt zeigt uns dieser Autor jedoch auf indirekte Weise – nämlich anhand ihrer unvorstellbar lang andauernden Folgen. Sebald schreibt konsequent aus der Perspektive der Opfer und ihrer meist marginalisierten Schicksale heraus. Vor allem macht er die Gewalt als Vorbedingung unserer eigenen Geschichte kenntlich. Der Krieg steckt für ihn in allem: in Landschaften und Stadtstrukturen, überhaupt in Formationen der modernen Zivilisation. Gewalt ist unser aller Vorgeschichte, sie kontaminiert das Leben unausweichlich überall dort, wo Macht im Spiel ist. Sebalds Sicht muss radikal zivilisationskritisch genannt werden. Nicht umsonst schildert er in seinen Büchern immer wieder Außenseiter und Exzentriker als Symbole für eine Existenz, die allein frei bleiben kann von Bedrückung. Worin liegt also der Gewinn einer Beschäftigung mit Sebald? Darin, dass er uns aufklärt über Struktur und Bedingung von Gedächtnisbildung – und zwar als einer Aktivität, die ausgegrenzte Bereiche der Geschichte wieder betretbar macht. Liegt vielleicht darin der einzige Schutz vor dem subkutanen Weiterwirken der Gewalt?

Versuchen wir hier zunächst eine erste Annäherung an diesen Autor in drei Schritten und einer kleinen, ganz persönlichen Liebeserklärung.

Erstens zur Biografie: Winfried Georg Sebald wird als Sohn eines Berufssoldaten 1944 in Wertach im Allgäu geboren. Er studiert Germanistik und Literaturwissenschaft von 1963 bis 1966 in Freiburg. In der französischen Schweiz erwirbt er 1966 die licence de lettres. Danach wechselt er 1966 – welch Kontrast zur süddeutschen Idylle – in die englische Industriestadt Manchester an die dortige Universität als Lektor. Ein kurzes Intermezzo als Lehrer in St. Gallen unterbricht eine Karriere, die sich ganz im akademischen Bereich entfalten sollte. Er kehrt nach Manchester zurück, promoviert 1973 über Alfred Döblin. Zuvor schon, 1970, geht er nach Norwich, an die University of East Anglia. Dort bleibt er. Von Heimat ist dabei nicht zu sprechen, hatte sich Sebald doch mit der Wahl dieses Ortes selbst, um den Titel eines Bandes seiner Erzählungen abzuwandeln, als »Ausgewanderter« situiert. Sebald begab sich auf Abstand – zu seiner Familie, zu seinem Vater, der ihn als kleinbürgerlicher Ordnungsfanatiker abstieß, zur deutschen Geschichte von »Drittem Reich« und Zweitem Weltkrieg und auch zu seinen Vornamen, die ihm als zu deutsch suspekt waren und die er künftig hinter den Abkürzungen W. G. versteckte, wenn er sich nicht ohnehin Max nennen ließ. Sebald arbeitet als Universitätsdozent, er legt literaturwissenschaftliche Studien, etwa zu Sternheim und Döblin vor. Sein Leben endet plötzlich. Am 14. Dezember 2001 erleidet er unweit von Norwich am Steuer seines Wagens einen Herzinfarkt und rast in den Gegenverkehr.

Zweitens zur Werkstruktur: Sebald beginnt in den achtziger Jahren damit, literarische Texte zu schreiben. Während die Thatcher-Regierung den englischen Hochschulen Mittel kürzt und sich das akademische Leben auch für Sebald verdüstert, sucht er nach Alternativen der Äußerung, nach Alternativen zur Alltagsroutine. 1988 erscheint sein Erstling, das lange Gedicht *Nach der Natur*, 1992 legt Sebald unter dem Titel *Die Ausgewanderten* vier lange Erzählungen vor. 1995 folgt der Reisebericht *Die Ringe des Saturn*, 1999 der Essay *Luftkrieg und Literatur*, mit dem Sebald eine heftige Kontroverse provoziert. Sein Vorwurf: Die deutschen Autoren hätten das Thema des Luftkrieges als Gegenstand ihrer Werke nach 1945 vollkommen ausgespart und es damit versäumt, dem kollektiven Trauma der Deutschen adäquaten Ausdruck zu verleihen. 2001 veröffentlichte Sebald schließlich das Buch *Austerlitz*, sein Meisterwerk. Die *New York Times* handelte dessen Autor daraufhin ebenso wie die Essayistin Susan Sontag als Anwärter auf den Literaturnobelpreis – völlig zu recht übrigens.

Drittens zur Eigenart seiner Bücher: Erstaunlich ist nicht allein, dass Sebald sein beeindruckendes Werk in nicht viel mehr als einem guten Jahrzehnt schuf. Noch viel mehr erstaunen seine Bücher – und zwar ganz besonders dadurch, dass sie jede Zuordnung zu literarischen Gattungen oder Genres verweigern. Wir finden kaum Untertitel, die auf eine Gattungsbezeichnung verweisen. *Die Ringe des Saturn* führen den Untertitel *Eine englische Wallfahrt*, der Titel *Austerlitz* bleibt ganz ohne weitere erläuternde Einordnung. Diese beiden Bücher – als Hauptwerke Sebalds sollen sie hier im Mittelpunkt stehen – sind nicht einfach als

Romane anzusprechen. Denn Sebald verschwistert romanhafte Erfindung und dokumentarische Recherche. Der Status der Wirklichkeit, die er in seinen Büchern entwickelt, bleibt deshalb eigentümlich in der Schwebe. Sebald greift auf reiches Faktenmaterial zurück und überführt dies alles doch in erzählte Abläufe und Strukturen, die sich wiederum freier Erfindung verdanken. So kombiniert er für die Lebensgeschichte, die er in *Austerlitz* entwirft, die Biografien zweier realer Personen. Manche Passagen seiner Erzählwerke weiten sich obendrein zu regelrechten Essays aus, und dann fügt Sebald in das Satzbild seiner Texte auch noch Fotografien ein, die ohne Nachweis oder Erläuterung bleiben. Roman, Bericht, Essay, Biografie, Fotografie: In der Verschränkung der Medien und Wirklichkeitsebenen entsteht eine komplex strukturierte erzählte Welt. Diese Welt lässt sich nicht einfach anschauen, sie will erkundet, erwandert, durchdacht, ja sogar erfühlt werden.

Wie lässt sich also für derart komplizierte Gebilde eine persönliche Liebeserklärung formulieren? Vielleicht so: Sebalds Bücher faszinieren als Wanderungen auf der Schatten- und Nachtseite unserer Geschichte, sie fesseln als Spurensuchen, die es in dieser Intensität selten zu erleben gibt. Sebald richtet den Blick auf die Verlierer der Geschichte, er schärft den Blick für das Fortwirken des Unglücks, das Menschen einander angetan haben. Und, seltsam genug – er bewerkstelligt dies alles in einer selten schönen Sprache. Der viel gepriesene »Sebald-Sound« ist gemessen, von untrüglichem Gespür für Takt und Timing, von melancholischem, also abgedunkeltem Timbre, ernst und unbestechlich klar in jedem Augenblick. Unvergesslich, wie Sebald in *Austerlitz* die Schrecken des KZs Theresienstadt in einer einzigen, sich über Seiten hin ziehenden, niemals abbrechenden Satzperiode schildert, der menschlichen Bestürzung also einen sprachlichen Ausdruck von hoher Eindringlichkeit und atemberaubender Virtuosität verschafft. Sinistre Gegenstände, aber eine kostbare Sprache – so lässt sich das Geheimnis Sebald fassen – und sogar auch lieben.

Stellen wir gleich im Anschluss die Frage, die man an Sebalds Bücher eigentlich nicht stellen darf, die wir hier aber um der besseren Übersichtlichkeit willen doch mit aller gebotenen Vorläufigkeit beantworten wollen: Worum geht es in den genannten Werken eigentlich?

Das Buch *Die Ringe des Saturn* erscheint auf den ersten Blick als Reisebericht. Der Erzähler berichtet von einer Fußreise durch die englische Grafschaft Suffolk, die im August 1992 beginnt. Die Reise entfaltet sich nicht nur als Abfolge von Wegstrecken und Orten, sie gewinnt auch eigentümliche Kontur als Reihung von Fundstücken. Denn der Erzähler vertieft sich immer wieder in die Historie von Städten, Landschaften, Schlössern, Museen, er hakt sich gleichsam fest in Details, die auf den ersten Blick randständig erscheinen. So wird die Wanderung eigentlich zur Tauchfahrt – hinab in die Geschichte der Kriege, der Gewalt, des

Kolonialismus. Mit dem Erzähler besichtigen wir das Schlachtfeld von Waterloo, die furchtbare Ausbeutung der Menschen des Kongo durch die Europäer, wir schauen auf Seeschlachten wie auf historische Tableaus, die Gewalt, die Europas Mächte der chinesischen Zivilisation antaten, wir durchblättern mit dem Erzähler einen Band mit Fotografien aus dem ersten Weltkrieg.

> Es verläuft nämlich die Geschichte jedes einzelnen, die jedes Gemeinwesens, und die der ganzen Welt nicht auf einem stets weiter und schöner sich aufschwingenden Bogen, sondern auf einer Bahn, die hinunterführt in die Dunkelheit:[3]

Die scheinbar disparaten Themen verschränken sich damit zu einem durch und durch pessimistischen Bild der Geschichte. Sebald sieht in allem, was Menschen beginnen, den Keim der Zerstörung und des Niedergangs angelegt. Dieses Gesamtbild fügt er aus einer Reihe scheinbar unverbundener, jeweils um akribisch analysierte Details kreisende Beobachtungen. Sebald inszeniert eine unmerkliche Drift der Themen und Beobachtungen, als Erzähler wirkt er an einer Gesamtschau der Geschichte, die er gleichsam auf deren Rückseite findet. Wäre die Geschichte ein Gobelin, wir schauten mit Sebald nicht auf dessen farbenprächtige Schauseite. Mit Sebald schauten wir uns das Gewebe von hinten an und entdeckten in einem Augenblick schockhafter Erkenntnis deren abgründige Hässlichkeit. Einen solchen Schock erreicht Sebald, wenn er etwa die ganze Stadt Brüssel als riesiges Grabmal interpretiert, das auf Millionen schwarzer Leiber ruht. Eine bestürzend scharfsichtige Metapher für die kolonialistische Ausbeutung des Kongo durch Belgien.

Auch in *Austerlitz* geht es um eine Wanderung, gleichsam als doppelte Schleifenbewegung, die zwei Menschen in einander überschneidenden Bahnen vollziehen. Mit dem Erzähler begegnen wir dem heimatlosen Jacques Austerlitz. Der lebt als Dozent in England und beginnt erst mit seiner Pensionierung, seine wahre Herkunft zu erforschen. Austerlitz stammt aus Prag. Als Junge wird er von den Eltern nach England geschickt, um der drohenden Vernichtung im Holocaust zu entgehen. Er wächst im Haushalt eines strengen walisischen Priesters auf. Das Gefühl, fremd in seinem Leben zu sein, beherrscht völlig seine Existenz. Die Reisen von Austerlitz führen zurück nach Prag, wo er sein ehemaliges Kindermädchen als steinalte Frau wieder findet. Die Forschung nach den Lebensspuren der Mutter weist ihm den Weg nach Theresienstadt, wo Austerlitz die Gedenkstätte besucht – auch um am Ende feststellen zu müssen, dass seine Mutter auf

---

3 Sebald, *Ringe*, 35f.

immer verloren bleibt. Die Spur des Vaters verliert sich in Paris. Dorthin war er emigriert. Die Pariser Nationalbibliothek wird für Austerlitz zum Symbol der Vergeblichkeit seiner Suche. Dort, wo Archive scheinbar auf jede Frage eine Antwort bereithalten, ist auch jedes Leben unter einem Berg aus Texten unauffindbar vergraben. Der Mann, der als Junge einst der Vernichtung entging, bezahlt sein Überleben mit niemals aufzuhebender Heimatlosigkeit. Niemals abbrechende Wanderung ist Bewegungsgesetz der Existenz von Austerlitz, der nicht ohne Grund unablässig einen Rucksack bei sich trägt. Der Erzähler verdoppelt diese Wanderung – als Reisender, der Austerlitz immer wieder mit geheimnisvoller Präzision begegnet, als Berichtender, der Austerlitz eine Stimme gibt.

> Es scheint mir nicht, sagte Austerlitz, dass wir die Gesetze verstehen, unter denen sich die Wiederkunft der Vergangenheit vollzieht, doch ist es mir immer mehr, als gäbe es überhaupt keine Zeit, sondern nur verschiedene, nach einer höheren Stereo-metrie ineinander verschachtelte Räume, zwischen denen die Lebendigen und die Toten, je nachdem es ihnen zumute ist, hin und her gehen können, und je länger ich es bedenke, desto mehr kommt es mir vor, dass wir, die wir uns noch am Leben befinden, in den Augen der Toten irreale und nur manchmal, unter bestimmten Lichtverhältnissen und atmosphärischen Bedingungen sichtbar werdende Wesen sind. Soweit ich zurückblicken kann, sagte Austerlitz, habe ich mich immer ge-fühlt, als hätte ich keinen Platz in der Wirklichkeit.[4]

Die Zeit als gestaute Gegenwart, die Geschichte nicht als Kontinuum, sondern als Gleichzeitigkeit, die Differenzen von Gegenwart und Vergangenheit aufhebt: In solchen, für Sebalds erzählte Welt zentralen Vorstellungen liegt auch die Antwort auf die Frage, warum Handlungswiedergaben über die Bücher dieses Autors immer nur mittelbar Auskunft geben können. Das Bewegungsgesetz der Erzählweise Sebalds ist nicht die Sukzession mit ihrem übersichtlichen Nacheinander, sondern eher eine Spiralbewegung, ein immer mehr in die Tiefe gehen – oder das Wirken an einem Netzwerk mit seinen Bewegungen, die ab-wechselnd in viele Richtungen sich wenden und immer wieder an bestimmte Knotenpunkte des Gewebes zurückkehren. Lassen wir uns von der vermeintli-chen Absonderlichkeit mancher Themen und Beobachtungen dieses Erzählers nicht täuschen: Jedes Detail ist bedeutungsvoll, vor allem diejenigen, die eine geradezu leitmotivische Funktion haben. Was also soll es, dass Sebald in *Die Rin-ge des Saturn* eingangs ausführlich von einer Literaturdozentin Rosalind Dakyns

---

4 Sebald, *Austerlitz*, 269.

berichtet, einer Frau, die eine private Wissenschaft betreibt, die »stets vom obs-
kuren Detail, nie vom Offenkundigen« ausgeht? Was soll es weiterhin, dass uns
Sebald zu Beginn von *Austerlitz* in die Nachtabteilung des Zoos von Antwerpen
führt, um Tiere mit absonderlich großen Augen vorzuführen und fotografisch
abzubilden? Er führt uns damit die Instrumente eines Erzählens vor, das die
Qualität einer wissenschaftlichen Recherche gewinnt. Den Blick auf das übersehene Detail richten, aus der gegenläufigen Richtung beobachten, eine Optik
der Überschärfe etablieren, Wahrnehmung von bestürzender Präsenz erreichen:
Mit diesen Arbeitsvorgaben geht Sebald an sein Werk. Seine Analyse gewinnt
ihre Intensität aus der Kunst, im Detail die Struktur des Ganzen zu entdecken,
anhand entlegener und vergessener Einzelheiten die Geschichte in ihrer Totalen
sichtbar zu machen. Dieser Erzähler richtet den Blick rückhaltlos auf Individuen
und erforscht anhand ihrer Schicksale doch, was über sie hinausgeht: das Gefüge
einer strukturellen Gewalt, die überall dort entsteht, wo Macht im Spiel ist, wo
der Mensch beginnt, über den anderen zu verfügen.

Wie ein Sozialforscher spürt dieser Erzähler sein Material auf. Er findet es in
den Berichten der Versprengten und Vernachlässigten, er gräbt es in Geschich-
ten von Orten aus, entnimmt es scheinbar wertlosen Fotografien oder entlegenen
Archiven und Museumssammlungen. Sebalds Blick ist der eines Ethnologen, der
durch eine Zivilisation wie durch ein fremdes Universum streift, in dem sich
für ihn nichts von selbst versteht. Sebald spürt auf – und er übertreibt. In einer
gewissen Nähe zum erzählerischen Verfahren Thomas Bernhards steigert er die
Intensität seiner Berichte durch bewusste Zuspitzungen. Dort, wo Bernhard eine
Litanei der Verwünschungen aufsagt, fokussiert Sebald hingegen Wahrnehmun-
gen von geradezu unerträglicher Überschärfe:

> Einmal, als wieder ein Blitz über den Himmel fuhr, blickte ich hinab in den weit
> unter mir liegenden Garten des Hotels und sah dort, in dem breiten Graben,
> der den Garten vom Park trennt, im Schutz der niederhängenden Zweige einer
> Trauerweide ein Entenpaar, reglos auf der von grasgrüner Grütze ganz und gar
> überzogenen Fläche des Wassers. Mit solch vollkommener Klarheit ist dieses Bild
> auf einen Sekundenbruchteil aufgetaucht aus der Dunkelheit, dass ich jetzt noch
> jedes einzelne Weidenblatt, die feinsten Schattierungen im Gefieder der beiden
> Vögel, ja sogar die Punkte der Poren der über ihre Augen gesenkten Lidhaut zu
> sehen vermeine.[5]

5 Sebald, *Ringe*, 110.

Seine Sprache bleibt stets gemessen und erlesen, seine Gegenstände sind hingegen von rückhaltloser Härte. Anders gesagt: Sebald schildert nicht einfach, er lässt in der Sprache erscheinen, was zuvor verloren zu sein schien. Sein Erzählen ist nicht einfach ein Wiedergeben, sein Erzählen dient dazu, eine Geschichte Wirklichkeit werden zu lassen, die ansonsten niemals sichtbar geworden wäre. Der Erzähler Sebald berichtet nicht einfach, was gewesen ist, er konstruiert Geschichte als bislang übersehene Geschichte. Seine Kunst gleicht der eines Rechercheurs und der eines Konstrukteurs. Das verändert den Begriff von Nähe, wie wir ihn für diesen Autor in Anspruch nehmen können. Sebald erzählt aus der Nähe – aber nicht aus der des Miterlebenden, sondern derjenigen eines Forschers, der immer im Nachhinein auf die Geschehnisse schaut. Sein Gegenstand ist niemals die große Geschichte. Mit seinen Texten werden wir nicht zu Augenzeugen – jedenfalls nicht der Ereignisse selbst. Sebald macht uns zu Augenzeugen soweit es um Spuren der Geschichte, um Hinterlassenschaften von Ereignissen geht.

Sebald ist ein Erzähler im Nachgang, ein Meister des nachträglichen Auffindens. Und ein Autor, der seine Sprache so virtuos und dicht fügt, weil ihr eine einzigartige Aufgabe zukommt: Sie bewahrt auf, was schon verloren schien. Der erzählte Text ist kein Äquivalent einer Geschichte, die unabhängig von ihm existiert, der erzählte Text ist ein Gefäß für all das, was bislang der Missachtung anheim gefallen ist. Sebald lässt uns gleichsam indirekt auf Kriege und Katastrophen schauen und er richtet unseren Blick nachdrücklich auf die Schicksale derjenigen, die Kriege und Katastrophen zu Versprengten machten. Nicht ohne Grund stehen in diesen Büchern Lebensläufe von Emigranten so sehr im Mittelpunkt – und mit ihnen die lebenslang nachwirkenden Deformationen, die traumatische Erlebnisse angerichtet haben.

Doch was lernen wir aus und mit Sebalds Büchern über das Thema des Krieges, gerade des Krieges in den Köpfen? Hier einige Anregungen:

- Gewalt nistet nicht einfach in den Köpfen, gleichsam so, als hätte sie als Virus Individuen infiziert. Gewalt ist ein strukturelles Phänomen. Für Sebald ist Gewalt nicht erst mit Kriegen gegeben, alle großen Projekte, die sich der Mensch ausdenkt, führen in seiner Sicht zur Gewalt – einer Gewalt, die Menschen wie Landschaften angetan wird, einer Gewalt, die sich als Spur in das Antlitz von Städten und Landschaften wie die Struktur von Lebensläufen und kollektiven Erinnerungsbeständen einschreibt.
- Krieg und Gewalt scheinen in dieser Sicht beinahe unvermeidbare Phänomene zu sein. Abhilfe bringt womöglich nur ein defensives Lebensverhalten, das von Okkupation, Verbrauch, Inbesitznahme absieht. Dies muss wohl aus Sebalds Sicht auf die Geschichte gefolgert werden. Kriegsvermeidung beginnt

weit vor der Prävention bewaffneter Konflikte, sie beginnt mit einer Bereitschaft zu einschränkendem Verzicht.

- Krieg und Gewalt werden nach Sebald nur dann angemessen betrachtet,
  wenn von der großen Geschichte abgesehen und konsequent zu den Individuen hingeschaut wird. Kriege richten nicht nur kurzzeitige Zerstörungen an,
  sie führen vielmehr zu Schädigungen, die weit folgenreicher sind – zu jenen,
  die in den Seelen der einzelnen Menschen entstehen. Versehrungen werden
  an destruierten Biografien kenntlich.
- Für Sebald gibt es keinen angemessenen Blick auf Krieg und Gewalt von einem zuvor fixierten Standpunkt aus. Mit ideologischen Gewissheiten ist bei
  ihm nichts zu machen. Sebald bezieht nicht einfach Position, er verändert
  ständig die Perspektive seines Blicks. Das in mehreren seiner Bücher durch-
  gehaltene Motiv der Wanderung ist bezeichnend: Es steht für unablässige Bewegung als Prinzip der Spurensuche. Historische Erkenntnis erschließt sich
  nur dem, der sich buchstäblich auf den Weg macht. Entsprechend können
  wir ein kollektives Gedächtnis niemals einfach nur vorfinden. Es will von uns
  überhaupt erst konstruiert und beständig revidiert sein.
- Opfer von Krieg und Gewalt bleiben dies ein Leben lang. In Sebalds Büchern
  gibt es keine Vergangenheit, sondern immer nur die Gegenwart, die nichts
  anderes ist als das, was sich an Vergangenheiten aufgeschichtet hat. Die Gewalt, die in früheren Zeiten verübt wurde, lebt in der Gegenwart fort – als fein
  verästelte Spur des Leidens, als Kontamination praktisch aller Lebensumstän-
  de.
- Dagegen hilft folglich kein Engagement, das sich in Bekenntnissen manifes-
  tiert. Ein wohlfeiles »Nie wieder« ist bei Sebald nirgends zu vernehmen und
  dies, obwohl das Thema Krieg bei ihm eine so dominierende Rolle spielt. Für
  diesen Autor steht die eingehende Spurensuche und Analyse über einer Parteinahme, die er für oberflächlich halten muss. Einem Autor bleibt in Sebalds
  Sicht ohnehin nur eine glaubwürdige Form des Engagements – diejenige für
  Texte, die vergessene Opferschicksale aufbewahren.

Mit diesen Punkten sind nur einige Aspekte des Werkes von Sebald angesprochen. Damit ist der Reichtum dieser Werke bestenfalls angedeutet. Zu dem
Reichtum von Sebalds Prosa gehört, was zum Abschluss dieser knappen Inter-
pretationen nur in unscharfer Kontur vergegenwärtigt werden kann – Sebalds
Anschlussfähigkeit für den aktuellen Diskurs einer Kulturwissenschaft, die sich
mit der Konstruktion von Erinnerung und Gedächtnis beschäftigt. Zu ihren
Themen gehört die Frage nach den Schichtungen der Zeit, der Rolle von Ob-
jekten für die Erinnerung, individuelle Biografien als Speicher von kollektiver
Geschichte, dem Einsatz von Bildmedien für die Rückgewinnung verschütteter

Stefan Lüddemann

Vergangenheit, überhaupt der Blick für den stets artifiziellen Charakter aller Gedächtnisbildung. Mit Sebald legen wir nicht allein verschüttete Spuren des Krieges wieder frei, mit ihm besichtigen wir auch die innere Struktur unseres kollektiven Gedächtnisses und seine vielen Fehlstellen. Von Sebald lernen wir deshalb vor allem, dass es Erinnerung ohne konstruierende Aktivität nicht geben kann – den Kampf gegen drohende Gedächtnisverluste inbegriffen.

Barbara Hlali

Was hat das mit mir zu tun?
Wahrnehmung von Krieg durch experimentelle Filme

Was bekomme ich in Deutschland von den Kriegen mit, die an anderen Orten stattfinden? Berührt mich das, was ich in den Medien höre und sehe? Hat das etwas mit mir zu tun? Trage ich daran mit Verantwortung? Warum lassen mich diese Geschehnisse nicht los? Und auch: Kann ich irgendetwas dagegen tun, dass Menschen in anderen Teilen der Welt unter schrecklichen Umständen leben müssen?

Das sind Fragen, die mir in den Kopf kommen, wenn ich darüber nachdenke, warum ich mich als Künstlerin in meinen Arbeiten oft mit Krieg, Grausamkeit und deren Auswirkungen auf Menschen auseinandersetze.

Als Künstlerin komme ich eigentlich von der Zeichnung, habe schon immer viel gezeichnet, meist Menschen in Alltagszusammenhängen. Wenn man Menschen im ganz normalen Alltagsleben zeichnet, ohne dass sie extra Modell sitzen, dann bewegen sie sich. Also war es ganz logisch, verschiedene Bewegungen in einer einzigen Zeichnung festzuhalten. Von einer solchen Bewegungs-Zeichnung war dann der Schritt zum gezeichneten Trickfilm nicht mehr weit. Die Themen meiner ersten Trickfilme waren auch eher meinem eigenen Alltag entnommen.

2004 hatte ich dann das Gefühl, wenn ich schon so viel Arbeit in einen Film investiere (denn einen Trickfilm zu machen ist sehr aufwändig, kostet mich viel Zeit und Energie), dann muss es irgendwie auch um ein existentielleres Thema gehen. Einerseits haben mich in dieser Zeit die täglichen Medienberichte aus dem Krieg im Irak beeinflusst. Andererseits war ich auf einer Sommerakademie zwei Wochen mit einer Studentin aus dem Irak auf einem Zimmer, die viel von ihrem Leben als irakische Christin unter Saddam Hussein erzählte. Davon ist mir vor allem im Kopf geblieben, dass sie eigentlich sagte, dass man sich mit der Situation arrangieren konnte, solange man gewisse Einschränkungen beachtete, wie zum Beispiel wirklich nie und nirgendwo seine eigene Meinung zu sagen, auch nicht in der eigenen Wohnung. Dagegen, so sagte sie, sei nun, nach der langen Zeit des Embargos die Gesamtsituation so schlecht, dass die Menschen noch nicht mal die kleinsten Schutzvorkehrungen gegen die Bombenangriffe des Krieges ergreifen könnten. Jetzt sei die Situation einfach nur fürchterlich.

Dieses Thema des Krieges im Irak war also für mich irgendwie allgegenwärtig und ich habe dann über ein Jahr an dem Trickfilm *for a better world* gearbeitet, in dem ich zum ersten Mal dieses Thema bearbeitet habe.

for a better world ist aus mit Kreide auf Tafel gezeichneten Einzelbildern zusammengesetzt. Die Kreidezeichnungen habe ich fotografiert und per Computer ins Negativ gesetzt. Die Farben sind nachträglich am Computer hinzugefügt.

Ich habe in diesem Film versucht, zu Medienberichten, weniger zu Bildern als zu Erzählungen, Worten, die mir im Kopf blieben, gedankliche Bilder zu finden. Ich habe versucht, mich da hinein zu versetzen, mir vorzustellen, was das heißen könnte. Habe versucht, es nahe an mich heran zu lassen und dann die Gedanken in Skizzen und die Bilder des Films zu fassen. *for a better world* ist ein krasser Film, er arbeitet mit einer rohen, brutalen Darstellungsweise. In diesem Zusammenhang schätze ich am Trickfilm besonders, dass er gar nicht vorgibt, Realität abzubilden (wie man vielleicht bei einem Video, das in einer realen Situation gedreht wurde, meinen würde), sondern dass immer klar ist, dass die Bilder als gezeichnete Bilder eine Umsetzung sind, die die Realität allenfalls reflektieren. Dies zeigt das Medium Trickfilm ganz klar.

Beim Film *for a better world* ist mir auch wichtig, dass andauernd Transformationen geschehen, Seiten wechseln, nicht mehr zwischen Gut und Böse, Opfer und Täter zu unterscheiden ist. Wenn ich Partei für eine Seite eines Konfliktes ergreifen könnte, so allenfalls für die Seite der Menschlichkeit. Und die ist leider nicht so leicht zu erkennen. Es fällt schwer, zu entscheiden, was richtig und was falsch ist.

Ich ergreife nicht Position für eine Seite des Konfliktes, sondern zeige den Wahnsinn und den Schrecken des Krieges und einer Situation, die ins Chaos fällt. Aus dem gleichen Grunde besteht die Vertonung des Films aus einer Mischung von Zitaten aus Reden beider Kriegsparteien. Mir war bei meiner Recherche aufgefallen, dass beide Seiten ähnliche Redewendungen benutzen und sich in ihrer Rhetorik nicht so sehr unterscheiden.

for a better world

Barbara Hlali, Trickfilm aus Hand-
zeichnungen (Kreide auf Tafel),
2006. 9:40 Min.

Bilder, die man von Krieg in den Medien sieht, berühren nur selten. Im
Kopf bleiben eher Worte, Beschrei-
bungen von Situationen. In diesem
Film unternehme ich den Versuch, zu
diesen Worten gedankliche Bilder zu
finden, mich in Situationen hinein
zu versetzen. Was bedeudet Krieg für
einzelne Menschen?

Schrecken und Grauen von Krieg
werden fühlbar, und Absurdität und
Wahnsinn einer Situation, die ins
Chaos fällt, wird sichtbar, in der nicht
mehr zwischen Gut und Böse, Opfer
und Täter zu unterscheiden ist.

Ein Plädoyer gegen den Versuch,
Überzeugungen mit Gewalt durchzu-
setzen.

Busayyah ist 2007 entstanden. Ich hatte eine Dokumentation über die Suche und den Fund eines Massengrabs von Kurden gesehen. Sie waren unter Hussein ermordet worden. Das Massengrab wurde nahe der irakischen Stadt Busayyah in der Wüste gefunden. Man sah in der Dokumentation ein Team von Wissenschaftlern, die in der Wüste graben. Dann der Fund der Überreste von über 500 Menschen, die in weiße Plastiksäcke sortiert wurden und aufgereiht in der Wüste lagen. Dieses Bild beeindruckte mich sehr. Ähnliches beschreibt Klaus Brinkbäumer 2007 in seinem Buch *Unter dem Sand*:

> Ich sah ihn nicht sofort, am Anfang nahm ich noch keine Gesichter wahr. Die Tüten sah ich, sonst nichts, am Anfang dachte ich: Müssen sie wirklich Mülltüten für ihre Eltern nehmen? Müssen es ausgerechnet diese kleinen, durchsichtigen Plastiktüten sein, fünf Liter Fassungsvermögen, die so aussehen, aber nicht so reißfest sind wie jene Tüten, die wir in den Eimer unter der Spüle stopfen, bevor wir den Rand der Tüte über den Rand des Eimers rollen und festklemmen, damit kein Kaffeepulver und keine Zigarettenasche zwischen Tüte und den Rand des Eimers fällt? Wahrscheinlich haben sie nur Mülltüten, Särge werden sie kaum haben, nicht so viele jedenfalls, wie sie bräuchten. Wer hat schon fünftausend Särge auf Lager? Oder zehntausend oder fünfzehntausend? Ich weiß nicht, ob Haydar am Anfang schon da war, keine Ahnung wann er kam. Ich trat auf einen Stein. Rutschte ab. Fiel und stützte mich auf einer der Tüten ab, etwas Scharfes schnitt mir in die Hand. Dann dachte ich: Was denke ich da, meine Gedanken sind respektlos, sind kalt, was machen Orte wie dieser mit mir, und was machen sie überhaupt mit Menschen, mit denen vor allem, die hier durch den Staub kriechen und in die Müllsäcke greifen, denen, die nach Stoff suchen und nach Knochen? Wer erfindet Orte wie diesen, wer denkt sich so etwas aus?

Ich wollte einen Film machen, der mit dieser Situation viel abstrakter umgeht, und eher ein Gefühl dafür vermittelt als dokumentarisch zu sein. Ich wollte mehr ein allgemeines Bild über etwas unfassbar Grausames finden und auch für Vergänglichkeit und Tod allgemein.

Zur Technik: Grundlage des Films bildet ein Video von meinen Händen, die die anthropomorphen Formen aus Papier falten. Das Video habe ich in Einzelbilder zerlegt, diese in einem Fernseher laufen lassen und direkt auf der TV-Scheibe mit einem Folienstift überzeichnet, dann wieder abfotografiert und zum Trickfilm zusammengesetzt.

Busayyah

Barbara Hlali, Trickfilm (Folienstift
auf TV-Bildschirm, Videostills), 2007.
4:56 Min.

Ausgehend von Medienberichten
über den Fund eines kurdischen
Massengrabs nahe Busayyah versuche ich mich in diesem Film auf
abstrakte Weise dieser Thematik zu
nähern. Ausgehend davon wird die
einfache Tätigkeit des Papierfaltens
und -zusammenbindens in Kombi-
nation mit Zeichnungen auf dem
TV-Bildschirm zu einem Bild für das
Unfassbar-Grausame und zu einer
Veranschaulichung des Gedankens
an Vergänglichkeit und Tod.

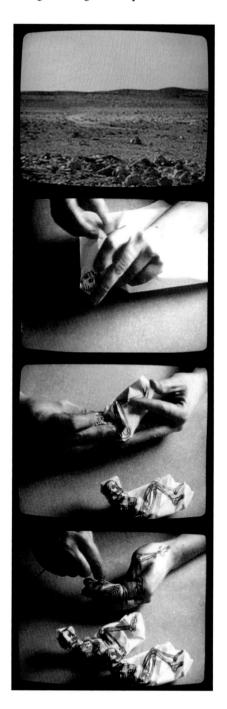

Bei *painting paradise* arbeite ich mit einer ähnlichen Technik. Die Grundlage bilden Standbilder aus Medienberichten, die ich direkt auf dem Fernsehbildschirm mit Gouache übermalt habe.

Das Thema Krieg ist bei diesem Film zunächst weniger offensichtlich.

Bei Berichten über verschiedene Kriegs- und Krisengebiete wie z.B. den Irak oder die Grenze zwischen Israel und den palästinensischen Autonomiegebieten war mir aufgefallen, dass im Hintergrund oft eine ganz idyllische Landschaft zu sehen ist. Und dass ich mir vorstellen konnte, dass, wenn dort nicht gerade diese Kriegssituation herrschen würde, es eigentlich sehr schöne Orte sein könnten.

Ein zweiter Anknüpfungspunkt war ein Fernsehbericht, der zeigte, wie eine Mauer in Bagdad, die schiitische und sunnitische Viertel voneinander abgrenzt, von Einheimischen mit idyllischen Landschaftsbildern übermalt wird. Ähnliches war in anderen Berichten von der Mauer am Gazastreifen in Israel zu sehen, auch darauf gibt es gemalte Bilder. Gleichzeitig wurde die rote Moschee in Islamabad während der Krise 2007 neu überstrichen. Auf der einen Seite wird also der Akt des Bemalens eingesetzt, um etwas zu verdecken, was man nicht sehen möchte. Auf der anderen Seite wird er zur politischen Aktion.

Dies habe ich in *painting paradise* aufgegriffen.

Momentan arbeite ich an einem neuen Trickfilm, bei dem ich mich dem Thema zum ersten Mal aus einer persönlicheren Perspektive nähere: Grundlage des Films bildet die Erzählung meiner Großmutter, die Ende des Zweiten Weltkrieges aus Schlesien vertrieben wurde. Unter anderem wurde ihr Zug glücklicherweise kurz vor Dresden gestoppt, als dort die großen Luftangriffe stattfanden. Ich wusste lange nicht, wie ich damit im Film umgehen sollte und habe letztlich die Idee zu einer Umsetzung durch Kurt Vonneguts Buch *Schlachthof 5* bekommen:

> Als Hökerer in »Höhepunkten« und Schauergeschichten, in Charakterisierungen, wundervollen Dialogen, Spannungen und Konfrontationen hatte ich die Dresden-Geschichte oftmals in groben Zügen umrissen. Die beste oder jedenfalls die hübscheste Geschichte, die ich jemals davon gemacht habe, stand auf der Rückseite einer Tapetenrolle. Ich benutzte die Buntstifte meiner Tochter, jeweils eine andere Farbe für jede handelnde Hauptperson. Am einen Ende der Tapete war der Anfang der Geschichte, und das andere Ende enthielt den Schluß, und dann gab es diesen ganzen mittleren Teil, der die Mitte war. Und die blaue Linie traf mit der roten und dann mit der gelben Linie zusammen, und die gelbe Linie hörte auf, denn die durch die gelbe Linie verkörperte Person war tot. Und so fort. Die Vernichtung Dresdens wurde durch eine senkrechte Gruppe orangefarbener Kreuzschraffierungen dargestellt, und alle Linien von noch Lebenden gingen durch sie hindurch und kamen an der anderen Seite heraus.

painting paradise

Barbara Hlali, Trickfilm (Gouache
auf TV-Bildschirm, Videostills),
2008. 5:30 Min.

Medienberichte zeigen, wie die
Mauer zwischen schiitischem und
sunnitischem Viertel in Bagdad
mit schönen Landschaftsbildern
übermalt wird: Ästhetische Gestal-
tung wird eingesetzt, um militärische Maßnahmen und Kriegsaus-
wirkungen zu kaschieren.

Ähnlich verfahre ich im Film
mit der Gesamtsituation: Bilder
aus Krisengebieten sind mit Farbe
überdeckt, verändert, verschönert.
Eine trügerische Idylle entsteht,
die angesichts der realen (Kriegs-)
Situation jedoch nicht aufrecht
zu erhalten ist. Die Übermalung
entlarvt umgekehrt gerade die
übermalte Situation.

Der Film deutet hin auf tatsäch-
liche Schönheit in einer Gegend,
in der der mythologische Para-
diesgarten zu verorten ist und die
(europäische) Träume vom Orient
weckt, die aber Schauplatz von
Krieg und Terror ist.

Er befragt den Sinn von ästhe-
tisch-künstlerischer Auseinandersetzung zur Verbesserung einer
Situation. Er fragt aber auch, ob
militärische Eingriffe das geeig-
nete Mittel sind, dieses Ziel zu
erreichen.

Es bleiben die Fragen, die ich mir selbst stelle: Welche Berechtigung habe ich als Künstlerin, die aus Deutschland kommt und nie Krieg selbst erlebt hat, mit diesem Thema in meiner Arbeit umzugehen? Ich sehe auch die Gefahr, dass von Gewalt eine gewisse Faszination ausgeht und es zu einer Ästhetisierung von ihr kommen kann.

Und natürlich frage ich mich selbst, was mit diesen künstlerischen Arbeiten überhaupt zu bewirken ist.

Vielleicht ist eine Änderung eines grundsätzlichen Wahrnehmungsklimas eine Zielsetzung: eine Änderung, wie wir die Bilder aus Krisengebieten sehen. Im Bewusstsein, dass Meinung wie über Worte und Sprache auch sehr direkt durch Bilder geprägt wird, bemühe ich mich darum, andere Bilder zu finden als die (vermeintlich) dokumentarischen, die wir im Fernsehen sehen können. Vielleicht können wir so unsere Wahrnehmung der Situation differenzieren.

TODOR TODOROVIC

Die Rolle der Medien im jugoslawischen Bürgerkrieg

Hass erzeugt Krieg, Krieg erzeugt noch mehr Hass. Einen großen Anteil daran
haben die Medien, die ihre irreführenden und bewusst falschen Informationen
zum Teil von internationalen PR Agenturen beziehen, die wiederum von den
kriegführenden Parteien beauftragt und bezahlt werden.
(Mira Beham: *Kriegstrommeln – Medien, Krieg und Politik*)

Sie alle wissen, was sich in den 90er Jahren des vergangenen Jahrhunderts auf
dem Gebiet des inzwischen ehemaligen Jugoslawiens abgespielt hat. Um etwas
vorab zu klären: Ich bin der Meinung, dass jeder, der in diesem Krieg zur Waffe
gegriffen hat, sich schuldig gemacht hat! Mir ist es auch völlig egal, wer den ersten Schuss abgefeuert hat und warum, denn der eigentliche Krieg begann schon
viel früher und zwar damit, Hass zu sähen.
    Und: das Ergebnis ist verheerend! Denn: Wozu hat dieses Morden geführt?
    In einem – inzwischen fast völlig vereinten Europa – haben sich auf dem
Balkan viele Kein-, und Kleinststaaten gebildet, mit z. T. nur 1,6–1,8 Mio. Einwohnern wie zum Beispiel Slowenien und Mazedonien
    Die in Ex- Jugoslawien lebenden Volksgruppen, also Serben, Kroaten, Bos-
nische Moslems, Mazedonier, Montenegriner sind mit Ausnahme der Kosovo
Albaner Südslawen und unterscheiden sich in ethnischer Hinsicht kaum.
    Überdies sprechen sie alle eine gemeinsame Sprache, die nur unterschiedliche
Namen trägt: Serbisch, Kroatisch – früher Serbokroatisch genannt – und inzwischen gibt es auch Bosnisch, eine Sprache, die mir völlig neu ist...
    Die Unterschiede sind marginal. Sie sind geringer als zum Beispiel der Unter-
schied zwischen dem Kölner und dem bayrischen Dialekt.
    Allerdings gibt es inzwischen Bestrebungen, eigene Wortkreationen zu etab-
lieren, in etwa vergleichbar mit dem Versuch der DDR, eigene Worte zu erfinden, wie zum Beispiel Broiler für Brathähnchen oder Erdmöbel für Sarg.

Der große Unterschied zwischen den einzelnen Volksgruppen ist ihre Geschichte. Während Mazedonien, Montenegro, Serbien und Bosnien fast 500 Jahre zum Osmanischen Reich gehört haben, waren Slowenien und Teile Kroatiens ein Teil des Habsburger Imperiums.

Weitaus schwerer als ethnische oder sprachliche Gemeinsamkeiten wiegen aber die religiösen Unterschiede. Mazedonier, Serben und Montenegriner sind orthodoxe Christen, Kroaten und Slowenen sind katholisch.

Bosnien war eine Vielvölkerrepublik in einem Vielvölkerstaat, dadurch war und ist die Lage noch komplizierter. Ein Teil der Bosnier ist moslemisch, außerdem leben noch Orthodoxe, und damit Serben, sowie katholischen Kroaten in Bosnien.

Die Schlüsselfrage, die sich in jedem Krieg stellt, ist gerade im ehemaligen Jugoslawien zentral: Wo kommt dieser Hass her, wie werden Freunde zu Feinde, Nachbarn zu Mördern, Nationen zu Gegnern?

Im 9. und 10. Jahrhundert entstand ein Riss zwischen dem östlichen, griechisch-byzantinisch geprägten Ritus und dem westlichen, römisch-katholischen Glauben. Diese Konfessionsunterschiede sind, wie gesagt, das Einzige wodurch sich die katholischen Kroaten und die orthodoxen Serben unterscheiden. Schon im 14 und 15 Jahrhundert gerieten die beiden christlichen Mächte, Rom und Byzanz aneinander. Gleichzeitig trat in Bosnien etwa ein Drittel der südslawischen Bevölkerung zum Islam über, um gleichzeitig in gehobene Positionen in Staat und Verwaltung zu wechseln. Seitdem gelten sie in der Vorstellung der unter der Türkenherrschaft benachteiligten Serben und Kroaten als »Verräter des Glaubens«.

Es mag uns, gerade in dieser Stadt, in der der Westfälische Friede verhandelt und unterzeichnet wurde, seltsam erscheinen, dass daraus im 20. Jahrhundert ein Krieg entstehen kann, aber auf dem Balkan hat die nationale Identitätsfindung gerade erst begonnen.

Der Zerfall Jugoslawiens begann mit der Sezession Sloweniens, die relativ problemlos vonstatten ging, genauso wie die Autonomie Mazedoniens, die im übrigen völlig gewaltfrei war, ebenso wie die Montenegros vor einigen Jahren.

Zu grauenhaften Kriegshandlungen kam es in ethnisch, oder genauer gesagt religiös gemischten Gebieten. Also in Kroatien, in dem vor dem Bürgerkrieg ein relativ großer Anteil Serben wohnte, in Bosnien und zuletzt im Kosovo.

Diese Gebiete gehörten während des Zweiten Weltkriegs zum faschistischen Ustascha-Staat, in dem Serben und Juden auf das grauenhafteste verfolgt und zu Zigtausenden in Lagern liquidiert worden sind.

So wurde Sarajewo als erste europäische Stadt für »judenfrei« erklärt, und das kroatische KZ »Jasenovac« gilt als die drittgrößte Hinrichtungsstätte Europas während des Zweiten Weltkrieges.

Außerdem gab es, in der deutschen Öffentlichkeit fast völlig tabuisiert, kroatische, aber auch bosnische und albanische SS-Divisionen, die aktiv an der Seite von Hitler-Deutschland gekämpft haben!

Vielleicht sind die aktuellen Grausamkeiten damit zu erklären, aber nicht zu rechtfertigen!

Jetzt einige Anmerkungen zu aktuellen Lage: In Serbien gibt es noch immer eine halbe Million Flüchtlinge. Davon sind über 200.000 Binnenflüchtlinge aus dem Kosovo, 180.000 registrierte Flüchtlinge aus Kroatien und Bosnien. Fast 200.000 Flüchtlinge sind in der Zwischenzeit serbische Staatsbürger geworden und werden offiziell nicht mehr als Flüchtlinge gesehen. Unter der Flüchtlingsbevölkerung herrscht generell ein großes Maß an Frustration: Jahre nach dem Krieg ist ihr Schicksal weiter ungewiss.

Mazedonien führt einen absurden Namenstreit mit Griechenland, da Griechenland nicht akzeptieren will, dass es ein slawisches und ein griechisches Makedonien gibt. Gleichzeitig muss man wissen, dass es in Mazedonien durchaus nationalistisch gefärbte Strömungen gibt, die von einem »Groß-Mazedonien« träumen! Darüber hinaus ist ein relativ großer Teil der mazedonischen Bevölkerung Albaner. Diese wollen ein Groß-Albanien, also eine Vereinigung von Teilen Mazedoniens mit dem Kosovo und Albanien. Ich habe selber bei einer Fahrt durch Mazedonien in einem albanischen Ort am Rathaus nicht die mazedonische, sondern die albanische Flagge, übrigens zusammen mit der Europafahne, aber ohne die mazedonische, hängen gesehen.

Bosnien-Herzegowina ist auch ein äußerst fragiles Gebilde, das so nicht überleben wird und kann.

Falls es zur internationalen Anerkennung des Kosovo kommt, werden sich die kroatische und auch die serbische Teilrepublik Bosniens auch selbständig erklären, um sich dann später Kroatien und Serbien anzuschließen!

Das ist im Übrigen genau der Plan, den die beiden Kriegsverbrecher, der kroatische Präsident Tudjman und der serbische Staatschef, in deutschen Medien abfällig Serben-»führer« genannte, Slobodan Milosević schon während des Bosnienkrieges beschlossen hatten... Ob der, dann übrig bleibende, moslemische Teil Bosniens überlebensfähig ist, wage ich stark zu bezweifeln.

Der Status des Kosovo ist nicht geklärt. Schon im bestehenden Jugoslawien war es das Armenhaus und konnte nur durch die große finanzielle Unterstützung seitens der jugoslawischen Bundesregierung und der Auslands-Kosovaren überleben.

Heute herrscht dort eine große Arbeitslosigkeit. Es gibt keine Industrie und das Land lebt mehr oder weniger von dem, was die NATO-Truppen dort ausgeben und – wie schon immer – von den Überweisungen seiner Gastarbeiter im westlichen Ausland.

Seit 1999, als das Kosovo unter das UN-Protektorat gestellt wurde, haben 300.000 Serben und Nicht-Albaner das Land verlassen, sind geflüchtet oder vertrieben worden, davon etwa 240.000 Serben. Von diesen sind bislang nur wenige zurückgekehrt. Die Mehrheit wartet noch darauf, zurückkehren zu können. Die Standards der Sicherheit und Menschenrechte im Kosovo sind noch lange nicht so erfüllt, dass die Menschen zurückkehren können.

Ganz zu schweigen, dass sich im Fall einer Anerkennung des Kosovo unter anderem die Basken von Spanien loslösen wollen, weswegen Spanien, genau wie viele Staaten der internationalen Gemeinschaft, ganz vehement die Anerkennung der Unabhängigkeit Kosovos verweigert.

Jeder dieser Ministaaten hat eine eigene Regierung, mit vielen schönen, hochdotierten Posten, auch für Familienangehörige der herrschenden Klasse, und eine eigene Armee, die natürlich hochmodern ausgestattet werden muss. D.h.: die Rüstungsindustrie, und ganz besonders die deutsche, freut sich ganz besonders über viele Aufträge.

Ich selber habe einen Fernsehbericht gesehen der kurz nach dem Krieg ausgestrahlt wurde. In diesem Film ging es um weltweit operierende Söldner, u.a. um ehemalige US-amerikanische Offiziere, die jetzt als Berater der bosnischen und kroatischen Armee tätig sind. In einer Szene war im Hintergrund ein großes Waffenlager zu sehen, voll mit neuesten Panzern und Kanonen. Ich habe mich bei den Bildern gefragt: Was kostet das alles? Wer wird das bezahlen? Wahrscheinlich haben sich diese Staaten auf Jahrzehnte verschuldet, um ihre Arsenale zu füllen. Aber: das schafft ja Arbeitsplätze bei uns, das habe ich wohl vergessen!

Jeder dieser Staaten hat außerdem eine eigene Währung.

Alle, vielleicht mit Ausnahme Sloweniens und Aufgrund der Tourismus-Einnahmen auch Kroatiens, sind wirtschaftlich nicht überlebensfähig und hängen am finanziellen Tropf des Westens. Dafür hat sich die organisierte Kriminalität, bis in höchste Regierungsämter, breit gemacht und Korruption ist Alltäglich!

Ich habe vor einigen Wochen zufällig im Urlaub in Kroatien einen höheren Bundeswehroffizier kennen gelernt, einen Pressesprecher, der längere Zeit im Kosovo stationiert war. Er war der Meinung, dass die höchsten kosovarischen Politiker abends ihre Anzüge aus- und die Lederjacken anziehen, um ihren kriminellen Geschäften nachzugehen...!

Der Schmuggel mit unversteuerten Zigaretten in die EU wird zum großen Teil über Montenegro abgewickelt. Auch die höchste Regierungsspitze soll darin verwickelt sein. Serbien ist das Einfallstor für Drogen in die Europäische Union, Korruption ist an der Tagesordnung!

Aber: Alle habe sich zum Ziel gesetzt, Mitglied der Europäischen Union zu werden. D.h.: in absehbarer Zeit wird es keine Grenzen auf dem Gebiet des ehemaligen Jugoslawiens geben, und es wird, irgendwann einmal, auch wieder eine gemeinsame Währung geben. Alle wollen und werden Mitglied der NATO, und vielleicht wird es ja irgendwann einen europäischen Außenminister geben...

Daher frage ich mich immer wieder: warum musste das alles sein? Warum mussten Zigtausende ermordet, erniedrigt und vertrieben werden: Nur damit sie eines Tages wieder in einem großen gemeinsamen Gebilde leben! Ich erinnere mich, dass ich schon in den 90ern diese These vertreten habe und dafür verlacht wurde...

Dieser grauenhafte Bürger- und Bruderkrieg hat mich, aus dieser Gegend stammend, natürlich sehr beschäftigt. Und: um die immer wiederkehrende Frage zu beantworten: Ich selber bin in Deutschland geboren, meine Eltern waren aus politischen Gründen aus Jugoslawien am Ende des Zweiten Weltkrieges geflohen. Mein Vater stammte aus Mazedonien, meine Mutter war Kroatin aus Sarajevo, aber beide waren überzeugte Jugoslawen! Sie können sich vorstellen, wie mich der Konflikt in Jugoslawien beschäftigt und gequält hat!

Ich bin in den Kriegs-Jahren zum absoluten Nachrichten-Junkie geworden. Ich habe mir nicht nur eine Satelliten-Schüssel aufs Dach gesetzt, um auch ausländische Sender, speziell natürlich jugoslawische, sehen zu können, sondern ich habe täglich mehrere Nachrichtensendungen, sei es im TV oder im Radio, gesehen und gehört. Dazu habe ich versucht, alles über diesen Krieg zu lesen, dessen ich habhaft werden konnte. Das ging so weit, dass ich sogar meine Arbeit vernachlässigt habe und, davon bin ich inzwischen überzeugt, dass ich davon krank geworden bin. Inzwischen habe ich gelernt, dass Bandscheibenvorfälle auch durch psychische Belastung ausgelöst werden können...

Unter den vielen Büchern, die ich über den Krieg auf dem Balkan gelesen habe, ist eins, das mir die Augen geöffnet hat über die Rolle der Medien und vor allen Dingen die der PR-Agenturen:

Mira Beham beschreibt in ihrem Buch *Kriegstrommeln* den Einfluss von kriegführenden Parteien über die Medien, mit Hilfe von hochbezahlten PR-Agenturen auf Meinungsführer und Entscheidungsträger, aber auch auf die Bevölkerung, um dadurch die Bereitschaft zur Kriegführung, verbunden mit großen menschlichen und auch finanziellen Opfern, zu bewerkstelligen.

Konflikte die schwer zu erklären sind, werden auf ein einfaches Bild reduziert. So entsteht ein schwarz-weiß Bild: hier die Guten, da die Bösen.

Mira Beham erklärt, wie durch bewusste Verleumdungen und Irreführung in den Massenmedien die Bevölkerung auf Kriege ›eingestellt‹ wird, so dass dann der Ausbruch eines Krieges als völlig normale und selbstverständliche Reaktion auf die Untaten der zu bekriegenden Nation gesehen wird.

In dem Buch werden viele Beispiele aufgezeigt die im Laufe der Jahre als Lügengeschichten enttarnt wurden. So wurden bereits im Ersten Weltkrieg Horrorgeschichten über angebliche Gräueltaten deutscher Soldaten erfunden und über die Zeitungen in England und Frankreich verbreitet, die daraufhin die Deutschen als »Hunnen« und »wilde Horden Dschingis Khan« bezeichneten.

Bekannt geworden als Fake ist auch eine Horrorgeschichte die während des 1. Golfkrieges verbreitet wurde. Danach sollten irakische Soldaten in Kuwait früh geborene Babys aus ihren Brutkästen genommen und auf den kalten Fußboden gelegt haben, wo sie starben. Später wurde bekannt, dass die angebliche Augenzeugin, die ihre Geschichte weinend vor einem Untersuchungsausschuss im amerikanischen TV verbreitet hat, die Tochter des kuwaitischen Botschafters in den USA war und keine glaubhafte Augenzeugin.

Genau dieselbe Lügengeschichte, nur dieses Mal umgeschrieben auf Serben und moslemische Babys im Bosnienkrieg, habe ich persönlich den inzwischen ex-CDU Bundestagsabgeordneten Stefan Schwarz im deutschen Fernsehen verbreiten hören.

Es gibt ein berühmt-berüchtigtes Bild von einem ausgemergelten Mann am Zaun eines Konzentrationslagers. Inzwischen weiß man: Das war ein Serbe! Genauso ist die Mär von Massenvergewaltigungen widerlegt worden. Was natürlich nicht heißt, dass es kein Vergewaltigungen gegeben hat, aber: Die gab es auf allen Seiten und leider in allen Kriegen! Nur: Wie so oft wird in den Medien die Gräuelgeschichte auflagesteigernd und gewinnträchtig an exponierter Stelle platziert, während das Dementi, wenn überhaupt, hinten im Blatt, klein und leicht übersehbar, abgedruckt wird.

Diese Fälle wurden, über international tätige PR-Agenturen gesteuert, in deutschen Massenmedien während der jugoslawischen Bruderkriege verbreitet. Hier wurden eindeutig die Serben nicht nur kollektiv als Böse hingestellt und verurteilt, sondern durch geschickte Manipulation sogar als Nazis beschrieben. Das ist eine unglaubliche Verdrehung der Tatsachen, denn es waren die Serben, die während des »Dritten Reiches« in faschistisch-kroatischen Konzentrationslagern gelitten haben.

Das hatte zur Folge, dass zum Beispiel – und das weiß ich aus eigener Erfahrung – in Osnabrück einem Schüler von seinem Lehrer gesagt wurde: »Euch Serben sollte man allen ein Hakenkreuz auf die Stirn tätowieren!«

Es besteht kein Zweifel daran, dass die serbische Soldateska grausame Verbrechen in den Kriegen auf dem Balkan begangen hat, die durch nichts zu rechtfertigen sind aber: Es wurde in den deutschen Medien ein simples, schwarz-weiß gemaltes, in Gut und Böse aufgeteiltes Bild wiedergegeben, das mit der Wahrheit nicht viel gemein hatte. Aus eigener Erfahrung möchte ich einige Beispiele anführen:

1. Ich erinnere mich, dass ich zum Jahreswechsel 1991/92 auf dem Flug in die USA in der internationalen Presse Kritik am Vorpreschen Deutschlands bei

der Anerkennung Kroatiens gelesen habe. In deutschen Zeitungen war zuerst nichts davon zu lesen, erst sehr viel später wurde diese Kritik auch hier bekannt!

2. Die kroatische Armee hat, mit tatkräftiger logistischer Hilfe der USA, 1995 zwischen 200.000 und 250.000 Serben aus der Krajina vertrieben und damit den Tatbestand der ethnischen Säuberung erfüllt. Kritische Berichterstattung darüber in deutschen Medien? Fehlanzeige!

3. Ich habe, ganz klein und hinten in einer Zeitung, gelesen, dass während des Kosovo-Krieges in Albanien, an der Grenze zum Kosovo, drei international gesuchte Al Kaida-Kämpfer vom US-amerikanischen Geheimdienst verhaftet wurden und nach Guantanamo gebracht wurden. Ich frage mich: Wie kann der US-Geheimdienst in Albanien – nicht im Kosovo – Leute verhaften und ausfliegen, und: Was wollten diese Terroristen dort? Dass so etwas im Irak an der Tagesordnung war, ist bekannt, aber: Dort haben die USA ganz offiziell Krieg geführt!

4. Sowohl in Bosnien als auch im Kosovo waren viele islamistische Gotteskrieger auf moslemischer Seite ›tätig‹. Viele von ihnen sind inzwischen bosnische Staatsbürger, haben bosnische Pässe und leben also ganz offiziell in unserer unmittelbaren Nachbarschaft, in Europa. Das habe ich zwar im *Spiegel* gelesen, aber erst Jahre nachdem der Krieg beendet war und als so eine Nachricht im Grunde genommen keinen mehr interessiert hat.

Zum Abschluss noch zwei persönliche Erfahrungen: In Guča, also in Serbien, findet jedes Jahr ein großes Bläserfestival statt, bei dem hunderte Ethno-Brassbands spielen. Ein befreundeter Kulturamtsleiter aus der Nähe war ein paar Mal dort, und ich hatte geplant, in diesem Jahr mit ihm hinzufahren. Er hat dann aber abgesagt, nachdem er dort 2009 viele Plakate gesehen hat, auf und mit denen der Kriegsverbrecher Mladić gefeiert wird.

Auf meiner Fahrt zum Flughafen in Dubrovnik im Oktober diesen Jahres habe ich am Straßenrand ein riesiges Billboard gesehen mit dem Bild von Ante Gotovina, über den zur Zeit vor dem Kriegsverbrecher-Tribunal in Den Haag verhandelt wird, also dem kroatischen Pendant von Ratko Mladić.

Solange so etwas in aller Öffentlichkeit straffrei möglich ist, gehören diese Staaten nicht in die EU und wird es keinen wirklichen Frieden auf dem Balkan geben.

Obwohl: Es gibt aktuell auch durchaus positive Anzeichen. So hat Anfang dieses Monats der serbische Präsident Tadić Kroatien besucht, um in Vukovar, dem Ort eines schrecklichen Massakers an Kroaten begangen von serbischen Freischärlern, einen Kranz niederzulegen. Darüber wurde in den deutschen Medien berichtet!

Und nun wieder ein aktueller Beweis für einseitige Berichterstattung: Nicht berichtet wurde darüber, dass er und der kroatische Präsident Josipović im Rahmen desselben Besuches einen Kranz in Osijek niedergelegt haben. Einem Ort an dem es Massengräber gibt, in denen Serben liegen, die von Kroaten ermordet wurden. Wie sie sehen, wird auch 2010 bei der Berichterstattung in den deutschen Medien mit zweierlei Maß gemessen!

Eins habe ich inzwischen gelernt: Man muss mit Information vorsichtig umgehen, weil es keine gesicherten Informationen gibt, solange ein Krieg aktuell geführt wird. Denn alle Kriegsparteien haben ein Interesse daran, ihre Propaganda zu vermitteln und auch damit eben Krieg zu führen.

HEINRICH PLACKE

Gil Courtemanche: *Ein Sonntag am Pool in Kigali*
Roman eines franko-kanadischen Journalisten über den Völkermord in Ruanda
Eine Einführung

Die Konzeption dieser Tagung regt die Referenten an, man möge doch »den Roman, das Theaterstück, den Film, oder die Erzählung vorstellen, die bei Ihnen das kritische Nachdenken oder die Ablehnung von Krieg und Gewalt ausgelöst haben«. Beim besten Willen: Ich weiß es nicht mehr. Der Roman, den ich hier vorstellen möchte, jedenfalls nicht – schon aus Gründen der Chronologie. Vielleicht bedurfte es bei mir als ehemaligem Kriegskind ja auch keines Werkes aus dem Bereich der Kunst. Die zahlreichen Bombennächte, die meine Familie im Luftschutzkeller im Ruhrgebiet physisch unversehrt überlebte, waren schon Erfahrung genug. Überflüssig, darauf hinzuweisen, dass ›wir‹ Deutschen den Krieg begonnen haben. Aber um dem Appell an das Subjektive in dem Zitat nachzukommen, schicke ich eine Episode aus den letzten Wochen des II. Weltkriegs voraus, die im scharfen Kontrast zur Anonymität der Bombennächte steht. Anfang April 1945 – ich wohnte mit meiner Mutter und meiner Schwester damals in einem Dorf im Emsland und war gerade acht Jahre alt geworden – kam ich durch den Angriff eines britischen Tieffliegers in unmittelbare Lebensgefahr. Der Pilot begann sofort, als er mich sah, auf mich, erkennbar ein wehrloses Kind, zu schießen, verfehlte mich aber zunächst und flog vorbei. Um diesen Fehler wieder auszuwetzen, setzte er dazu an, umzukehren, um mich wieder aufs Korn zu nehmen. Er zog also seine Maschine hoch, wodurch sie langsamer wurde, was ihm wiederum erlaubte, eine enge Kehre zu fliegen und schnell wieder bei mir zu sein. Für mich stand die Sache ziemlich schlecht, denn auf dem freien Feld gab es keinerlei Deckung für mich. Also würde der Pilot mich wohl in etwa 20 Sekunden erwischen. Er aber hatte eine Flak-Stellung übersehen, der es bei der langsam geflogenen Kehre gelang, ihn ins Visier zu nehmen und abzuschießen.

Ich führte daraufhin einen Freudentanz auf, denn der vielleicht gut zwanzig-
jährige Pilot hatte *mir* nach dem Leben getrachtet, nicht ich ihm. Soweit diese
Episode, die ich persönlich nehme – ich denke, ich habe ein Recht dazu. Und
nun weg vom Zweiten Weltkrieg und hin zum größten Völkermord seit 1945,
nämlich dem in Ruanda im Jahr 1994.

In diesem Jahr wurden in Ruanda, nachdem am 6. April die Maschine
mit dem Präsidenten abgeschossen worden war, innerhalb von hundert Tagen
800.000 Menschen ermordet, meist Mitglieder der Tutsi-Ethnie, aber auch Hutu,
die nicht bereit waren, sich am Völkermord an den Tutsi zu beteiligen. Ich mache
keine Inhaltsangabe des Romans[1] über diesen Genozid, sondern versuche, Sie
auf das Buch neugierig zu machen.[2] Aus diesem Grunde greife ich eine Szene aus
dem Romantext heraus, die die gesamte Problematik dieses Buches in nuce enthält und aus der sich wesentliche Aspekte entwickeln lassen. Diese Szene ist in
ihrer Personenkonstellation schon durch die Brisanz gekennzeichnet, die dann
im Genozid zur Explosion kommt: Im Konferenzraum jenes aus dem Film *Hotel
Ruanda*[3] bekannten Hotels »Mille-Collines« in der ruandischen Hauptstadt Kigali findet eine Trauerfeier statt. Der Verstorbene hat noch kurz vor seinem Tod
einen Gruß an die Hinterbliebenen aufgezeichnet. Etwa hundert Personen sind
anwesend, der Hutu-Finanzminister mit seinen Bodyguards, der Arbeitsminister
(18) und Hotelier Lando (87) von der Tutsi-Opposition mit seiner franko-kana-
dischen Frau, einige Mitglieder der geheimen Untergrundarmee der Tutsi, einige
offizielle Gäste, dazu regierungsnahe Hutu. Auf der anderen Seite die Tutsi sowie
die mit ihnen befreundeten Hutu von den Liberalen und den Sozialdemokraten.
Das Video startet:

> »Ich heiße Méthode, bin leitender Angestellter bei der Ruandischen Volksbank und
> an den Wochenenden DJ in Landos Diskothek. Ich höre am liebsten Country und
> sentimentale Lieder. Ich bin Tutsi, das wisst ihr, aber vor allem bin ich Ruander. In
> ein paar Stunden werde ich sterben, ich werde an Aids sterben, einer Krankheit,
> 5 die, wenn man der Regierung glaubt, vor wenigen Jahren noch nicht existierte, die
> mir aber da schon das Blut zerfraß. [...]

1 Gil Courtemanche. *Ein Sonntag am Pool in Kigali.* Aus dem Französischen von Riek Walther. Frankfurt/Main: Fischer Taschenbuch Verlag, 2005 (Fischer Tb 16112). Originalausgabe: *Un dimanche à la piscine à Kigali.* Montréal: Les Éditons Boréal, 2000.
2 Zur Zeit der Tagung war die deutsche Ausgabe des Romans vergriffen; sie lässt sich aber
   weiterhin in Bibliotheken oder im Internet beschaffen.
3 Regie: Terry George, Drehbuch: Keir Pearson u. Terry George. Kanada GB Südafrika,
   2004.

Denen, die mich lieben, möchte ich sagen, dass ich nicht gelitten habe. Eine Freundin hat mich umarmt und mir gesagt, ich würde im Himmel aufwachen. Ich bin im Schlaf gestorben. Ich habe nichts gespürt. Es ist beinahe, als wüsste ich gar
10 nicht, dass ich gestorben bin. Aber eins weiß ich: Wenn wir so weitermachen, steht vielen von euch schreckliches Leiden und ein entsetzlicher Tod bevor.

Aber ich will weiter über die Krankheit sprechen. Wir weigern uns, über sie zu sprechen, und das Schweigen tötet. Wir wissen, dass Kondome schützen, aber wir großen, mächtigen schwarzen Männer gehen durchs Leben als wären wir un-
15 sterblich. Élise, meine Freundin, nennt es das magische Denken. Wir sagen uns, die Krankheit bekommen nur die anderen, und wir bumsen, bumsen wie Blinde, stochern mit dem splitternackten Schwanz in der Krankheit herum. Ich sage euch, und deshalb will ich zu euch sprechen, bevor ich sterbe, dass wir zu Millionen ster-ben werden. An Aids natürlich, auch an Malaria, aber vor allem an einer schlim-
20 meren Krankheit, gegen die es keine Kondome und keine Impfung gibt. Und diese Krankheit ist der Hass. In diesem Lande gibt es Leute, die Hass sähen, wie ahnungslose Männer mit ihrem Sperma den Tod in den Leib der Frauen sähen, die ihn weitertragen an andere Männer und an die Kinder, die sie empfangen... [...]

Ich sterbe an Aids, aber dass ist Zufall. Ich habe es mir nicht ausgesucht, es war
25 ein Irrtum. Ich hielt es für eine Krankheit von Weißen oder Homosexuellen oder Affen oder Drogensüchtigen. Ich bin als Tutsi geboren, dass steht in meinem Aus-weis, aber auch das ist Zufall. Ich habe es mir nicht ausgesucht, und auch das war ein Irrtum. Mein Urgroßvater hat von den Weißen gehört, die Tutsi seien besser als die Hutu. Er war ein Hutu. Er hat alles dafür getan, dass seine Kinder und seine
30 Kindeskinder Tutsi wurden. Und hier liege ich nun, Hutu-Tutsi und aidsinfiziert. Träger all der Krankheiten, die uns zerstören. Seht mich genau an, ich bin euer Spiegel, euer Doppelgänger, der von innen verfault. Ich sterbe ein wenig vor euch, das ist der einzige Unterschied.«

Der [Hutu-]Minister sprang auf und rief: »Das ist ein Skandal!« Er stürmte
35 hinaus. Das schreckte seine beiden Leibwächter auf, die eingenickt waren. Die offi-ziellen Gäste, die Hutu und die zwei Angehörigen der Schweizer Botschaft, die die Volksbank subventionierte, folgten ihm.

»Ich gehe zufrieden von euch, weil ich endlich gesprochen habe. Lebt wohl, und der Herr segne euch.« (77–79)

Die schlimmste Krankheit ist der Hass (Z 21), und so beginnt wie der Krieg auch der Genozid in den Köpfen. Und dieser Hass, mal als »kollektive Vergiftung des Denkens« (285) bezeichnet, wird dem Tagungsthema gemäß im Fokus meiner Einführung in Courtemanches Roman stehen, die daraus resultierenden Mas-saker weniger; die Liebesgeschichte der Hauptpersonen wird dagegen – obwohl sehr aufschlussreich – kaum berührt. Woher aber nur dieser Hass? Der Autor, von Beruf Journalist, belegt durch Angabe von Quellen, z.B. einer Sammlung von veröffentlichten Augenzeugenberichten, die Faktizität der dargestellten Gräuel: »Manche Leser mögen einige gewaltsame oder grausame Szenen meiner blühenden Phantasie zuschreiben. Sie irren sich«, heißt es in der nicht–fiktionalen Vorrede (9). Aber auch der Romantext selbst enthält bisweilen Anmerkungen. So auch auf S. 36, wo Courtemanche aus einem Buch des belgischen Arztes Jules Sasserath zitiert, das 1948 (!) unter dem Titel *Le Ruanda-Urundi, étrange royaume féodal*[4] erschien. Gemäß diesem rassistischen Werk sind die als Viehzüchter nomadisierenden Tutsi, die groß gewachsen und schlank sind, intelligent und von angenehmer Wesensart. Sasserath empfielt der Kolonialverwaltung, sich der Mitwirkung der Tutsi zu bedienen. Der Hutu dagegen ist ein armer Bauer, gutartig, dumm und faul, mit allen Anzeichen der negroiden Rasse versehen, eben ein typischer Neger. (36) Neger aber, und darin liegt die besondere Infamie des Sasserath-Buches, sind die Tutsi nicht: Da sie von etwas hellerer Hautfarbe sind, werden sie als ein aus dem Norden zugewandertes hamitisches Volk angesehen, das also – die Feinheit der Gesichtszüge deute schon darauf hin – von edler Abstammung sei und mit zivilisierten Völkern des Norden verwandt, also eigentlich Weiße, nur von der Sonne Afrikas gebräunt (›Hamitenmythos‹). (35) Und so hatte Méthodes Urgroßvater Kawa (31ff.) von den Weißen gehört, dass die Tutsi besser seien als die Hutu (Z 28f.). Der Hutu-Patriarch hat daraufhin sein Bestes getan, um seine Familie durch geschickte Heiratspolitik zu Tutsi zu machen. (42f.) Méthode, dieser »Hutu-Tutsi« (Z 30) aber versteht sich vornehmlich als Ruander (Z 3).

Während also der Hutu-Finanzminister wegen der tabubrechenden Rede Méthodes die Trauerfeier wütend verlässt, ist Pater Louis hellauf begeistert. Bei der Beerdigung sagt »dieser gelassene und starrsinnige alte Geistliche aus der Champagne, der allein mehr für die Aidskranklen tat als alle humanitären Organisationen zusammen« (84) an den Toten gewandt: »Selbst wenn du Tausend Todsünden begangen hättest, wäre dir dank deiner gestrigen Worte die Auferstehung gewiss…«. (85)

»…wir großen, mächtigen schwarzen Männer… als wären wir unsterblich…«. (Z 14f.) Der »Diktator« (25) Habyarimana, von dem es, weil er Nepotismus betreibt, heißt, dass »der Präsident die Demokratie an seine Kinder weitergibt« (18), soll selber Aids haben (19f.). Er hat sich die Krankheit wohl bei seiner Sekretärin eingefangen, deren Mann unlängst in Paris seiner Aidserkrankung erlegen ist (19); all dies fügt sich in die Atmosphäre der Tabuisierung ein.

---

4   Bruxelles: Eds. Germinal, 1948.

Méthodes Urgroßvater Kawa ist gleichzeitig auch der Ururgroßvater der zweiundzwanzigjährigen (91) Gentille (31), der Serviererin im Hotel »Mille-Collines« und weiblichen Protagonistin des Romans. Auch sie ist eine »Hutu-Tutsi«, aber offiziell gilt sie als Hutu, obwohl sie – groß, schlank und schön (»von bemerkenswerter Schönheit [...] von außergewöhnlicher Schönheit«, 96)[5] – wie eine Tutsi aussieht, was ihr letztenendes zum Verhängnis wird. Die Volkszugehörigkeit der Kinder richtet sich nach der des Vaters, egal, welche die Mutter hat. Und so hat der alte Hutu Kawa alle seine Töchter mit Tutsi verheiratet und seine Söhne zudem auch mit Tutsi-Frauen, um dem Status einer Tutsi-Familie möglichst nahe zu kommen.[6] (40ff.) Und aus einer solchen Linie stammt Gentille, die sich zwar als Hutu ausweisen kann, was ihr aber nichts nützt, weil sie im Zweifelsfall als Tutsi angesehen wird.[7]

Der männliche Protagonist des Romans ist der franko-kanadische Journalist Bernard Valcourt; er hat den wirkungsvollen Video-Film mit dem sterbenden Méthode gedreht. In Montreal war er als Sendeleiter bei Radio Kanada tätig gewesen, bis ihm die Regierung im Rahmen der Entwicklungshilfe anbot, in Ruanda einen Fernsehsender mit aufzubauen. Die Hauptaufgabe des Senders liege im Bereich von Bildung und Aufklärung. Mit Blick auf Aids gehe es zunächst um Vorbeugung und hygienische Grundbedürfnisse, dann auch um weitergehende Information, die letztenendes zu Demokratie und Toleranz führe. (28) Inzwischen ist Valcourt seit zwei Jahren in Kigali und glaubt nicht mehr recht an das Fernsehprojekt. In Testsendungen fühlt sich die ruandische Regierung nicht hinreichend gewürdigt. Wenn regierungsgenehme Propagandaelemente eingefügt werden, machen die Geberländer Kanada, die Schweiz und Deutschland nicht mit. Valcourt hat inzwischen entdeckt, dass mehr als ein Drittel der Einwohner

5 Valcourt sieht sie mit erotisiertem Blick schon bald so: »Ihre Brüste, ihr Mund, ihr Po [...], ihre milchkaffeebraune Haut [...], ihre Augen, ihre Schüchternheit, ihre Beine wie Skulpturen, ihre Bewegungen, ihr Duft, ihr Haar, ihre Stimme [...].« (49) Ferner der befreundete Hutu Cyprien, um zu beweisen, dass Gentille doch eine Tutsi ist: »Deine Nase ist gerade und scharf wie ein Messer, deine Beine sind lang wie die einer Giraffe, deine Brüste sind so spitz und fest, dass sie deine Bluse durchbohren, und dein Hintern, dein Hintern... macht mich wahnsinnig. Verzeih mir.« (113)
6 »Die Kinder meiner Kinder werden weiß sein [...].« (44)
7 »Du dumme Ziege, ich kenne den Tourismusminister persönlich, du dreckige Tutsi, arbeitest ja nur im Hotel, weil du mit einem Weißen bumst.« (16) Der Bezug des wütenden Hutu-Gastes auf seine guten Beziehungen zum Minister schlägt zudem noch das Thema allgegenwärtige Korruption an.

von Kigali an Aids erkrankt sind und »in Armut, Schande, Heimlichkeit und Lüge« (29) leben – wegen der amtlich betriebenen Ignorierung und Tabuisierung des Aidsproblems. Später entsteht eine kleine Vereinigung von Aidskranken in Ruanda: »Als erstes wollten sie das Schweigen brechen und die Scham bekämpfen.« (245) Die Einzigen, die sich bisher um die Kranken kümmern und zur Vorsorge massenhaft Präservative verteilen, sind erstaunlicherweise weibliche und männliche Ordensleute und Geistliche.[8] – Hier sieht Valcourt eine Möglichkeit, sich nützlich zu machen und den Lauf der Dinge zu verändern, indem er – auch am Beispiel von Méthode – das Elend der HIV-Positiven darstellt. (28f., vgl. 102f.) Später ist er durch die Realität von Aids und Bürgerkrieg derartig desillusioniert, dass er sich glücklich schätzen würde, wenn es ihm gelänge, zumindest zwei Menschen zu retten: Gentille und ein kleines Waisenmädchen. (144) Aber auch das ist nicht möglich.

Währenddessen organisiert ein Neffe des Diktators, der angeblich in Quebec Politikwissenschaft studiert, Todesschwadronen, die nachts in verschiedenen Orten Jagd auf Tutsi machen. (17, vgl. 25) In den Gefängnissen werden Tutsi ermordet, sobald sie eingeliefert werden. Die Hutu-Milizen verteilen Macheten. Zur Vorbereitung des Genozids sollen auch Weiße beseitigt werden, z.B. Priester, die Kooperativen gegründet haben und sich um Tutsi-Flüchtlinge kümmern. (107) Und der private Hutu-Hetzsender »Radio Mille-Collines«, der nach dem Anschlag auf den Präsidenten zum Mord an namentlich genannten Personen aufruft (257f., vgl. 254f.), meldet vorerst den Tod eines »Terroristen« namens Méthode und droht jedem, »der zu seiner Beerdigung ginge, würde von den Selbstverteidigungsmilizen als ein zu eliminierender Verschwörer betrachtet.« (84)

An dieser Stelle ist das negative Bild zu korrigieren, das Courtemanche von dem UNO-Kommandeur in Kigali zeichnet. Normalerweise ist die Korrektur der Darstellung einer Romangestalt ein unsinniges Unterfangen, denn die behauptende Rede in einem fiktionalen Text ist jeglicher Sanktion entzogen. Courtemanche aber, der ja auch zum Beweis seiner Behauptungen Quellen anführt, beruft sich in der (nicht-fiktionalen) Roman-Vorrede auf seinen journalistischen Umgang mit den dargestellten Personen. Die Aufgabe des UNO-Generals war es, mit seinen Blauhelm-Soldaten »die Einhaltung des Arusha-Abkommens zu überwachen.« (142) Das 1993 in der tansanischen Stadt geschlossene Abkommen sollte den Ausgleich zwischen Hutu und Tutsi bewirken, was beispielsweise zur Folge hat, dass der Tutsi Lando Minister in der Hutu-Regierung ist. Kommandant der UNO-Truppen ist in der fraglichen Zeit der (namentlich im

---

8 Während der Tagung wurde die minimale Lockerung des Kondomverbots durch Benedikt XVI. bekannt.

Roman nicht genannte) franko-kanadische Generalmajor Roméo Dallaire, dem seine Aufgabe von den vorgesetzten UNO-Stellen schwer gemacht wird, weil die Veto-Mächte USA und Frankreich andere Interessen haben. Der General verweist im Romantext darauf, dass ihm die Hände gebunden seien, was ihm der Autor als faule Ausrede auslegt und ihn damit zum Komplizen der Planer des Massenmords macht. Dies besonders durch Hinweis auf den Hutu-Oberst Théoneste (Bagosora), den der UNO-General im Roman als Ehrenmann und Profi bezeichnet. (142) Später erfährt der Leser durch Pater Louis, dass eben dieser Oberst Théoneste der militärische Planer des Genozids ist: »...kein Tutsi darf überleben.« (200f.) Ganz anders der reale Dallaire, der mit seinen 5.000 UNO-Soldaten das mörderische Treiben der Milizen und der Polizei hätte unterbinden können, was ihm aber verwehrt wurde. Er wandte sich darauf mit der dringenden Bitte um Luftunterstützung an seine vorgesetzten Dienststellen, um wenigstens eben jenen Hutu-Hetzsender »Mille-Collines« durch Bomben zum Schweigen zu bringen – vergeblich. Er kam als gebrochener Mann heim, der an einem posttraumatischen Belastungssyndrom litt und wegen seiner Überzeugung, am Genozid in Ruanda mitschuldig zu sein, suizidgefährdet war. Er schrieb ein Buch mit dem Titel *Handschlag mit dem Teufel. Die Mitschuld der Weltgemeinschaft am Völkermord in Ruanda*,[9] das allerdings erst drei Jahre nach Courtemanches Ruanda-Roman erschien.

Méthode hatte die Hassreden der Demagogen aus dem Radio und deren Wirkung gekannt: Schon lange vor dem Anschlag auf die Präsidentenmaschine trieben Leichen auf dem Mugesera-See. Der »Triumph von Machete und Knüppel« (58) hatte längst begonnen. Und der Sterbende war nicht traurig über seinen nahenden Tod, sondern erleichtert. Es werde schmutzig und hässlich zugehen, verkündete der extremistische Hutu-Ideologe Léon Mugasera (21, vgl. 181) über den Sender. Von abgehackten Körperteilen, zerfetzten Frauenleichen war die Rede sowie von Kindern, denen man die Füße abgeschlagen hatte, damit »diese Kaffer« nie wieder laufen und kämpfen könnten. (58) In den Bars begeistert man sich für solche Reden, und die Milizionäre stürmen dann mit den »chinesischen Macheten und den französischen Handgranaten« los, um »zu brandschatzen, zu vergewaltigen, zu verstümmeln [und] zu töten«. (181)

Und dann wird die Maschine des Präsidenten abgeschossen. (255)

Der Sender der Hutu-Extremisten kennt die Täter sofort: die Tutsi. »Heute haben sie unseren Präsidenten ermordet und schicken sich an, uns alle zu

9   Springe: zu Klampen Verlag, 2005. Originalausgabe: *Shake hands with the devil. The failure of humanity in Rwanda.* Toronto: Random House Canada, 2003.

töten. Wir handeln in Notwehr. Der Feind muss ausgemerzt werden.« (258) Tatsächlich aber lief nach Courtemanches Darstellung[10] alles ganz anders ab, nämlich wie von langer Hand von Hutu-Verschwörern geplant: Alle, »die für die Machtaufteilung zwischen beiden Völkern ebenso plädierten wie für die Demokratie«, sollten nach der Ermordung des Präsidenten »eliminiert« werden. (249) So wird auch »Lando, Vicepräsident der Liberalen Partei« (258) mit seiner quebecischen Frau und seinen beiden Kindern »durch Mitglieder der Präsidentengarde ermordet.« (262) Auf einer Fahrt durch Kigali sieht Valcourt zu seinem Entsetzen »endlose Reihen von Leichen« an den Straßenrändern. Milizsoldaten und Polizisten haben Straßensperren errichte. Die Fahrzeuginsassen werden zum Aussteigen gezwungen, und häufig genügt »ein einziger Machetenhieb, und Jugendliche schleppten den noch zuckenden Körper an den Straßenrand«. (264) Die Männer werden dann routiniert getötet; die Frauen aber eben nicht. Sie liegen mit geöffneten Beinen, nackten Brüsten und rot gefärbten Unterhosen in den Kniekehlen an den Straßenrändern. Sie werden »verstümmelt, gefoltert, vergewaltigt, aber nicht erlöst«. (265) Und so sieht der Leser auch Gentille, die attraktive Geliebte von Valcourt, gegen Ende des Romans nahe einem Kontrollpunkt der Miliz im Straßendreck liegen, eine Ikone der Schändung und der Verstümmelung. (299)[11]

In dieser Situation wird das Hotel »Mille-Collines« zum Zufluchtsort für Verfolgte. Hunderte von Menschen kampieren am Pool, auf dem Parkplatz und in den Hotelfluren; sie bauen darauf, dass sie durch die Anwesenheit von Entwicklungshelfern, weißen Experten sowie einigen UNO-Soldaten geschützt sind.

---

10 Diese Darstellung wird zwar auch von vielen Anderen geteilt, ist aber nicht unumstritten (s. Internet) So lässt Lukas Bärfuss in seinem Roman über den Völkermord in Ruanda mit dem Titel *Hundert Tage* (Göttingen: Wallstein, 2008) die Frage nach der Täterschaft offen: »Drei Tage später, an einem Donnerstag, zerriss eine Explosion die abendliche Stille über Kigali. Irgendjemand hatte die Maschine des Präsidenten abgeschossen. In Kigali brach in derselben Nacht die Hölle los, die Hölle, die hundert Tage und noch ein bisschen länger dauern sollte.« (158)

11 »Gentille war nicht mehr jene Schönheit, die noch vor zehn Tagen die Männer verrückt gemacht hatte. Sie war nur noch ein geschwollenes Tier. Die zwei Milizionäre, die sich ihr näherten, betrachteten sie voller Abscheu. Der Jüngere, nicht älter als sechzehn, beugte sich herunter und zerriss ihr die Bluse, dann riss er ihr den Büstenhalter ab. Nur ihre Brüste waren verschont. Spitz und fest reckten sie sich empor wie eine Anklage und ein Widerspruch. Mit zwei flinken Machetenhieben ließ der Junge Gentilles Brüste aufplatzen wie rote Granatäpfel.« (299)

(263f.) »Zwei Tage nach Beginn der Massaker hielten sich beinahe eintausend Menschen im Hotel auf [...].« (270) Der Restaurantbesitzer Victor versorgt unter Einsatz seines Lebens und seines Vermögens die Schutzsuchenden, indem er mit Hilfe von Bestechung und großzügigen Alkoholspenden an die Milizen Lebensmittel und auch Verfolgte durch die Straßensperren zum Hotel bringt. Als die Situation in Kigali unhaltbar wird, kommt für Valcourt und seine frisch angetraute Gentille der Tag der Abreise, die beide in der Annahme antreten, nach der Eroberung der Stadt durch die anrückenden Tutsi-Truppen aus Uganda zurückkehren zu können. Ein UNO-LKW soll ein Dutzend verstörter Weißer mit Koffern zum Flughafen bringen, wird aber an einem Kontrollpunkt der Präsidentengarde angehalten. Man holt Gentille aus dem Transport. Als der begleitende senegalesische UNO-Unteroffizier einschreiten will, wird er erschossen, und Gentille wird verschleppt. Im Fugzeug erfährt Valcourt, der den Hutu-Kontrollpunkt befehligende Unteroffizier habe Gentille unter seinen ›Schutz‹ gestellt. (276f.)

Tatsächlich ist Valcourt schon bald wieder zurück in Ruanda, nicht nur um Gentille zu suchen, sondern auch um Zeugenaussagen zu sammeln, wobei er von unglaublichen Brutalitäten erfährt. (280–283) Auf dem Lande waren die Mörder Nachbarn, Freunde, oft gar Verwandte gewesen. In den Städten war der Völkermord nach Plan verlaufen, nicht improvisiert und im Wahn. Das Stichwort für dieses nicht weniger unmenschliche Vorgehen ist »Arbeit«. (114, vgl. 120, 258f.) – Das Land ist inzwischen von den disziplinierten Tutsi-Truppen besetzt und insofern zur Ruhe gekommen. Die Straßen von Kigali sind von Gräben gesäumt, in die man die Toten provisorisch gebettet hat. (284) Im Hotel »Mille-Collines« findet Valcourt die Halle voller Schutt, und der Pool ist leer getrunken. Um das Wasser abzukochen, hat man nicht nur Bäume gefällt, sondern auch die Zimmereinrichtungen verfeuert. Nur wenige Freunde findet Valcourt noch vor, viele sind ermordet worden, auch Gentille, heißt es, obwohl niemand ihren Leichnam gesehen hat. (285f.)

Vor Zeiten – also noch vor dem Abschuss der Präsidentenmaschine, der wie der Startschuss zum finalen Massaker mit 800.000 Toten in hundert Tagen wirkte – hatte Valcourt stichwortartig eine Analyse des ruandischen Elends notiert, angefangen von dem Irrtum zu glauben, dass dies in der Natur des Landes oder der Gesellschaft liegt, über die Ignorierung der Tatsache, dass einige wenige Männer über all diese Gewaltausbrüche entscheiden bis hin zur Duldsamkeit internationaler Institutionen gegenüber der Korruption im Lande. Gentille fragt, als sie diese Gedanken bemerkt, ob man denn gar nichts dagegen tun könne. Valcourt antwortet: »Doch, aber nur wenig. So lange wie möglich [hier in Ruanda] bleiben, beobachten, anklagen, Zeugnis ablegen. Die Erinnerung an Méthode und Cyprien bewahren, Spuren, Bilder, Worte hinterlassen für die, die nach uns kommen.« (146f.)

Aus der Serie *one shock every day*. Barbara Hlali, 2009.

124

LIOBA MEYER

Der zerstörte Mensch
in Philip Roths Roman *Der menschliche Makel*
Eine Abrechnung mit dem Vietnamkrieg

»Die Wahrheit über uns ist unendlich. Ebenso wie die Lügen. Zwischen den Mühlsteinen zermahlen... Zersägt von den Zähnen der Welt. Von dem Widerstreit, der die Welt ist«,[1] schreibt Philip Roth in seinem Roman *Der menschliche Makel*.

Diesen Wahrheiten und Lügen möchte ich in dem Roman nachgehen. Immer wieder werde ich auch auf Daten und Fakten des Vietnamkrieges verweisen und diese im Vergleich heranziehen. Mein erster Blick auf den Roman gilt nicht Coleman Silk, der Hauptfigur, sondern seinem Gegenpart, jenem Lester Farley, von dem es heißt: »Er weiß, wie sich tot anfühlt. Er war zweimal in Vietnam – ihm braucht keiner zu sagen, wie sich tot anfühlt. Er kann den Tod riechen, wenn's sein muss. Er kann den Tod schmecken. Er weiß, was der Tod ist.«[2]

Philip Roth verlegt die Handlung seines Romans in das Jahr 1998, in jenen Sommer, »in dem«, wie es im Roman heißt,

ein viriler jugendlicher Präsident in mittleren Jahren und eine verknallte, draufgängerische einundzwanzigjährige Angestellte sich [...] aufführten wie zwei Teenager [...] und so die älteste gemeinsame Leidenschaft der Amerikaner wiederbelebten, die historisch betrachtet auch ihre trügerischste und subversivste Lust ist: die Ekstase der Scheinheiligkeit. [...] Die selbstgerechten Heuchler [...] waren nur zu bereit, strenge Reinigungsrituale zu vollziehen, auf dass alles wieder sauber und anständig werde, damit Senator Liebermans zehnjährige Tochter und ihr peinlich

---

1 Philip Roth. *Der menschliche Makel*. 7. Auflage. Hamburg: Rowohlt, 2004, 350.
2 Roth, 83.

125

berührter Daddy sich ungefährdet die Fernsehnachrichten ansehen konnten. [...]
Es war der Sommer, in dem der Brechreiz zurückkehrte [...] und das Leben in all
seiner schamlosen Schlüpfrigkeit Amerika wieder einmal in Verwirrung stürzte.[3]

Der Roman-Inhalt sei kurz vorgestellt: Der 65-jährige Schriftsteller Nathan Zuckerman befreundet sich mit Coleman Silk, dem 71-jährigen Professor für klas-
sische Literatur, dessen strahlende Universitätslaufbahn durch eine unbedachte
Äußerung sein jähes Ende findet. Als »dunkle Gestalten, die das Seminarlicht
scheuen«,[4] hatte er zwei abwesende Studentinnen bezeichnet, nicht ahnend, dass
es sich bei ihnen um Farbige handelte. Die Hexenjagd beginnt: Coleman Silk
wird des Rassismus bezichtigt und von der Universität, deren guten Ruf er maßgeblich mit gestaltet hat, verstoßen. Seine Frau stirbt daran.
      Coleman Silk bittet Nathan Zuckerman, die Geschichte dieser Hexenjagd auf-
zuschreiben. Dieser weigert sich zunächst, tut es aber dann doch nach Colemans
Tod. Doch das wird eine ganz andere und völlig überraschende Geschichte: Denn
Coleman ist eigentlich ein hellhäutiger Schwarzer, der in der Navy seine Identität
änderte und sich als weißer Jude ausgab. Mit seiner Familie hat er gebrochen, um
dies Geheimnis zu wahren, nicht einmal seine Frau wusste davon.
      Coleman Silk hat eine um Jahrzehnte jüngere Geliebte, ein Verhältnis, das
nach amerikanischen Moralvorstellungen in jeder Hinsicht höchst anstößig ist:
Faunia Farley, Putzfrau und Melkerin, die aus der Unterschicht stammt, verheiratet mit dem Vietnam-Veteranen Lester Farley, dessen Persönlichkeit durch
den Vietnamkrieg zerstört wurde und der unter einem schweren Kriegstrauma
leidet. Farley hasst Coleman Silk und bringt ihn und Faunia schließlich um.
      Mit Coleman Silk und Lester Farley hat Roth zwei Figuren geschaffen, die
aufeinander bezogen sind trotz oder gerade wegen ihrer Gegensätzlichkeit. Zeigen sie doch zwei Seiten der konsequenten und vollständigen Zerstörung eines
Menschen.
      Hier stoßen zwei unvereinbare Welten aufeinander: Die Welt des feinsinni-
gen intellektuellen Akademikers und die Welt des Underdogs: Welten, die nichts
voneinander kennen, und die sich gerade deshalb gegenseitig ablehnen, ja sogar
hassen.
      Farleys Verachtung für Coleman Silk ist abgrundtief: »Und jetzt dieser Pro-
fessor. Weißt du, wo er war, als die Regierung uns da rüber [nach Vietnam] geschickt hat…? Er war hier und hat die verdammten Protestmärsche angeführt.«[5]

3   Roth, 10 ff.
4   Roth, 15.
5   Roth, 85.

Und von Farley selbst heißt es: »Farley ist die Welt, [...] die sich nicht die Mühe macht, sich mit menschenfreundlicher Rhetorik zu tarnen. Das sind Leute, deren grundsätzliche Einstellung gegenüber dem Leben die ist, dass sie von A bis Z beschissen worden sind.«[6]

Farley, das ist der Verlierer, der jede Lebensperspektive verloren hat: Durch den Tod seiner Kinder, durch die Scheidung von seiner Frau und vor allem durch den Vietnamkrieg: »Ich habe immer an Vietnam gedacht,« sagt Farley,

> An all die Zeiten, als ich gedacht hab, ich sterbe. Und so ist mir langsam geworden, dass ich nicht sterben kann. Weil ich nämlich schon gestorben bin. Weil ich nämlich schon in Vietnam gestorben bin. Weil ich ein Mann bin, der schon tot ist![7]

Philip Roths Thema ist die amerikanische Scheinheiligkeit einer harmonisierenden und verfälschenden Geschichtsschreibung. Roth deckt die Menschenverachtung der Rassendiskriminierung auf, vor deren Hintergrund sich die Hexenjagd gegen Coleman Silk abspielt. Er entlarvt die Verlogenheit der kleinbürgerlichen Moral angesichts der Clinton-Lewinsky-Affäre, die die Folie bildet für die Liebesbeziehung zwischen Coleman und Faunia. Und er stellt die Tabuisierung eines amerikanischen Traumas an den Pranger: Das Trauma des Vietnamkrieges in der Figur des gewalttätigen Farley.

Farley verkörpert die tiefe Verstörtheit einer ganzen Nation angesichts dieses Krieges, der so gar nicht in das offiziell verordnete Selbstverständnis des sauberen Amerikas passen will.

Coleman Silk und Lester Farley: Erst durch die Gegenüberstellung beider wird das wahre Ausmaß der Lügen und der Zerstörung einer Gesellschaft deutlich. Das, was Faunia, Coleman Silks Geliebte, meint, wenn sie sagt: »Das kommt davon, wenn man die ganze Zeit mit Leuten wie uns verbringt. Das ist der menschliche Makel...«[8]

Mein Augenmerk soll also auf Lester Farley gerichtet sein. Und damit auf Roths Darstellung des Vietnamkrieges. Ihn habe ich ausgewählt, weil er *der* Krieg ist, den ich schmerzlich wahrgenommen habe und der sich in mein Bewusstsein eingebrannt hat. Während ich den Zweiten Weltkrieg zunächst eher distanziert wahrgenommen hatte und dieser in seiner Ungeheuerlichkeit erst später in mein Bewusstsein drang – lernte ich ihn doch in der beschönigenden

---

6 Roth, 92 und 97.
7 Roth, 89.
8 Roth, 271.

Version der 1950er und 1960er Jahre kennen und überdies als Krieg meiner Elterngeneration, von der ich mich just zu der Zeit altersbedingt abgrenzte – setzte der Vietnamkrieg politisches Bewusstsein und Engagement gegen den Krieg frei. Dabei spielten vor allem die Bilder vom Krieg eine Rolle.

Über diese Visualisierung des Vietnamkriegs möchte ich zunächst sprechen. Ohne sie ist Philip Roths Darstellung des Krieges nicht denkbar, sie bildet die Folie für den Roman.

Moderne Kriege sind immer auch Kriege der Bilder. Sie werden durch Bilder legitimiert, in Bilder umgesetzt, in Bildern erinnert. Bilder von Kriegen sind nie unschuldig. Sie können Gewalt schüren – man denke an den Krieg in Ruanda. Sie können lügen – man denke an den Golfkrieg oder den Krieg in Afghanistan, an die Mär von einem sauberen Krieg, die Fernsehbilder von Bombardierungen ohne Opfer. Sie können dramatisieren – man denke an den 11. September, bei dem die Fernsehzuschauer den Ausbruch eines Krieges global und live miterlebten, indem der Bildschirm zum Ort des Geschehens wurde und die Medien aktiv an seiner Inszenierung beteiligt waren.[9]

Der Krieg in Vietnam war der erste Krieg in der Geschichte, der, auf das Format des Fernsehschirms reduziert, als »Living-Room War«[10] in die Wohnzimmer und damit in die Privatsphäre eindrang und den Zuschauern unmittelbare Teilhabe an einem Kriegsgeschehen suggerierte, das am anderen Ende der Welt statt fand. Krieg als Grusel-Unterhaltung, gut für die Einschaltquote, so greifbar nah und doch so fern.

Die Visualisierung des Krieges ist heute Selbstverständlichkeit. Sie begann mit dem Vietnamkrieg, inzwischen ist sie längst im Internet angekommen.

Bis zur Tet-Offensive 1968, jenem Wendepunkt, der die Amerikaner von der Unmöglichkeit eines amerikanischen Sieges im Vietnamkrieg überzeugte, präsentierte das Fernsehen der Öffentlichkeit vor allem distanzierte Bilder eines sauberen, technisch effizienten Krieges. Ein Krieg aus der Luft und als Event junger sportlicher Soldaten. Dies änderte sich radikal nach 1968.

Jetzt wurde der Weitwinkel, »der fotographische Blick vom Feldherrenhügel«,[11] abgelöst von der Nahaufnahme, die einen asymmetrischen Krieg in all seiner Brutalität zeigte, Bilder, die sich in das kollektive Gedächtnis einbrannten. Bilder, die den Tod in die Realität zurückholten, indem sie den Blick auf die Op-

9 Vgl dazu Gerhard Paul. *Bilder des Krieges – Krieg der Bilder*. Paderborn: Schöningh, 2004, 433ff.
10 Michael Arlen. *Living-Room War*. New York, 1997, 80ff.
11 Paul, 325.

fer richteten und dem kalten Kamerablick auf die Technik der Kriegsmaschinerie eine Absage erteilten.

Mit der Wiederentdeckung des Kriegstodes durchbrachen Fernsehen, Film und Fotografie ein international gültiges Tabu: Das Tabu der Weginszenierung des Todes und der Entkörperlichung des Krieges.[12]

Berühmte Beispiele dafür: Die Aufnahme des AP-Fotografen Eddie T. Adams von der Erschießung eines Vietkong auf offener Straße durch einen hoch dekorierten Polizeichef. Oder das Foto des AP-Korrespondenten Nick Ut, das eine Gruppe von Kindern nach einem Napalm-Angriff zeigt. Sie wurden zu Ikonen des modernen Krieges.

Entsprechungen finden sich in dem Roman *Der menschliche Makel*. Dazu ein Beispiel: Vor der Folie dieser gegensätzlichen Berichterstattung schreibt Philip Roth:

> Und dann schwebt [Farley] über dem Kriegsschauplatz, und von dort oben sieht alles ganz klein aus, und er feuert, was das Rohr hergibt. Auf alles, was sich bewegt.
>
> Tod und Zerstörung – dafür ist der Türschütze zuständig. Und das hat den weiteren Vorteil, dass man nicht da unten im Dschungel rum kriechen muss.[13]

Roth arbeitet hier fast filmisch mit dem Mittel der Montage. Der erste Teil dieser Textstelle, die Perspektive des distanzierten amerikanischen Kampfpiloten, spiegelt die Darstellung des Vietnamkriegs als ›sauberen‹ Krieg. Das war die Kriegsberichterstattung bis 1968: Das Fernsehen zeigte ausschließlich militärische Aktionen aus der Luft, keine Massaker, obwohl der Krieg mit äußerster Brutalität geführt wurde. Eine offizielle Militärzensur fand zwar nicht statt, aber von einer freien Berichterstattung konnte keine Rede sein.

In einem Schreiben von Seiten der Regierung wurden die Sendeanstalten und Zeitungen aufgefordert, sich in der Berichterstattung zu mäßigen. Bilder von verwundeten oder toten Amerikanern sollten nicht veröffentlicht werden,[14] ebenso keine »Phantasie anregenden Fotographien wie die von zerfetzten Körpern«.[15]

12 Vgl dazu Paul, 341ff.
13 Roth, 80.
14 Vgl Paul, 313f.
15 Rainer Fabian, Hans Christian Adler. *Bilder vom Krieg. 130 Jahre Kriegsfotografie – eine Anklage.* Hamburg: Gruner + Jahr, 1983, 327.

Bis 1968 zeigten die Abendnachrichten gerne »Pentagonsprecher und Generäle, die optimistische Prognosen abgaben, sie zeigten Hubschrauber und abgesetzte [...] mutige Soldaten. Zur Untermalung der optimistischen Eindrücke spielte das Fernsehen das Erfolg verheißende dumpfe Donnern der Artillerie und der Kampfbomber ein.«[16]
Dieser distanzierten Berichterstattung folgt Roth im ersten Teil seiner Beschreibung. Aber dann fährt er fort: »Tod und Zerstörung – dafür ist der Türschütze zuständig. Das hat den Vorteil, dass man nicht da unten im Dschungel rum kriechen muss.« Dieser Zusatz entlarvt die Darstellung von einem ›sauberen‹ Krieg als große Lüge. Wie bei der Kameraeinstellung in einem Film ändert Philip Roth seinen Blickwinkel und zoomt von der Totalen zur Detailaufnahme. Erst die Montage beider Einstellungen zeigt das wahre Gesicht der Krieges: Lüge und Realität. Und so sieht das schmutzige Gesicht des Krieges »da unten« aus:

Lester durchlebte alles noch einmal [...]: die Hitze, den Regen, den Schlamm, die Riesenameisen, die Killerbienen, Durchfall, Kopfschmerzen, kein Essen, kein Wasser [...] und die Jungs heulen und sterben. [...] Lester versucht einen Toten wachzurütteln und schreit und brüllt in einem fort: »Ich will nicht sterben!« Der Tod macht keine Pause. Der Tod ruht sich nicht aus. Dem Tod kann man nicht davon rennen. Der Tod lässt einen nicht in Frieden.[17]

Der Krieg: Das ist keine Episode in der Biographie eines Menschen. Krieg entlässt den Menschen nicht einfach in die Unschuld. In all seiner Brutalität holt er Farley wieder ein:

Dieses Scheißvietnam hat [meine Kinder] auf dem Gewissen. Alle meine Gefühle sind im Arsch. Ich hab das Gefühl, als hätte mir einer eins mit der Keule verpasst [...] mein Körper ist taub, und in meinem Kopf ist nichts. Vietnam. Das ist der Grund...[18]

Die amtlichen Unterlagen listen die Folgen des Vietnamkriegs für die amerikanischen Soldaten auf. So begingen über 60.000 traumatisierte Vietnamveteranen Selbstmord, mehr als 300.000 Veteranen kamen in Gefängnisse, weil es ihnen nicht mehr gelungen war, in ein normales Leben zurück zu finden.

16 Marc Frey. *Geschichte des Vietnamkrieges. Die Tragödie in Asien und das Ende des amerikanischen Traums.* München: dtv, 1998, 151.
17 Roth, 87f.
18 Roth, 89.

Philip Roth beschreibt das so:

Die Vietnamveteranen waren Männer, die nach dem Krieg das Schlimmste durchgemacht hatten – Scheidung, Alkohol, Drogen, Verbrechen, Polizei, Gefängnis, die schrecklichen Tiefen der Depression, wenn man das Weinen nicht mehr kontrollieren kann, wenn man schreien, etwas zerstören will, wenn die Hände zittern und der Körper zuckt, wenn das Gesicht angespannt ist und einem von Kopf bis Fuß der Schweiß ausbricht, wenn man wieder Metall durch die Luft fliegen sieht, blendende Explosionen, abgetrennte Gliedmaßen, wenn man massakrierte Gefangene sieht, massakrierte Familien, alte Frauen und Kinder.[19]

Es ist jedoch nicht nur der Schrecken des Krieges selbst, es ist vor allem die Doppelmoral, die Farley in den Wahnsinn treibt und die Roth so beschreibt:

Obwohl er doch nur das getan hat, was sie ihm beigebracht haben: Wenn du den Feind siehst, dann töte ihn. Sie bringen es einem ein Jahr lang bei, und dann versuchen sie einen ein Jahr lang umzubringen, wenn man tut, was sie einem beigebracht haben. [...] Die Regierung der Vereinigten Staaten hat ihn zum Killer ausgebildet [...]. »Erzählen Sie, was passiert ist«, sagen sie, [...] »Haben Sie jemanden getötet, als Sie in Vietnam waren?« Hat er jemanden nicht getötet, als er in Vietnam war? War das nicht das, was er tun sollte, als man ihn nach Vietnam geschickt hat? Haben sie nicht gesagt, dass alles erlaubt ist? Also war alles erlaubt. Darauf lief es doch schließlich raus – auf das Wort »töten«.[20]

Die schärfste Kritik jedoch, die Philip Roth an Amerikas Doppelmoral übt, an seiner Unfähigkeit zu trauern im menschlichen wie politischen Sinn, ist die Darstellung von Lester Farleys Besuch der mobilen Vietnam Memorial Wall in Pittsfield. Sie ist eine Nachbildung der Memorial Wall in Washington, einem Kriegerdenkmal von monumentalem Ausmaß aus schwarzem poliertem Granit: Zwei 75 Meter lange Arme, die sich im 125°-Winkel treffen. Ihre Bedeutung gewinnt die Memorial Wall auch durch ihren Standort zwischen den Denkmälern der beiden amerikanischen Präsidenten Washington und Lincoln. In den Granit sind die 58.209 Namen der getöteten Vietnamsoldaten eingemeißelt, die ständig ergänzt werden.

Im Zuge der psychotherapeutischen Behandlung der Kriegstraumata führen Mitveteranen Farley zu der Memorial Wall, weil sie sich von ihr eine heilende

19 Roth, 89.
20 Roth, 84f.

Wirkung versprechen: »Les, wir haben 1998. Wir sind am Ende des zwanzigsten Jahrhunderts angekommen, Lester. Es wird Zeit, dass du dich dieser Sache stellst.«[21]

> Die Wand, die heilt, steht auf dem Schild vor dem Hotel, und es stimmt. Nachdem sie lange genug vor Kennys Namen gestanden haben, gehen sie mit Les die ganze Wand ab, hin und zurück; sie sehen die anderen Leute nach Namen suchen, sie lassen Lester alles aufnehmen, lassen ihn spüren, dass er endlich an einem Ort ist, wo er mit dem, was er tut, das Richtige tut.[22]

Doch die Hoffnung, dass Lester Farley hier den Ort gefunden habe, der ihm helfen könne, seine Trauer zu bewältigen, erweist sich als Täuschung: Genau hier, angesichts der Memorial Wall, fasst Farley den Entschluss, Coleman Silk und Faunia zu töten. Nicht Trauer und Vergebung löst die Memorial Wall aus, sondern Hass und Gewalt.

Mit diesem Entschluss entlarvt Philip Roth die Memorial Wall als gigantische Lüge. Anstatt den Krieg und seine Verantwortlichen anzuklagen, verherrlicht sie wie alle Kriegerdenkmäler den Tod im Krieg als notwendiges Opfer, als Heldentum und nationale Tugend.[23] »Er wirkte heiter und gelassen«, heißt es von Farley, »aber das war eine Täuschung. Er hatte einen Entschluss gefasst. Er würde den Wagen nehmen. Sie alle auslöschen, einschließlich sich selbst.«[24]

Philip Roths Thema in seinem Roman *Der menschliche Makel* ist die Zerstörung des Menschen durch Lügen und Scheinheiligkeit. Roth stellt Coleman Silk mit seiner Lebenslüge, »weißer zu sein als die Weißen«,[25] und Lester Farley, den in Vietnam Zerstörten einander gegenüber, verschlingt ihre Lebenswelten miteinander, zeigt Widersprüche, Lebenslügen, Untiefen und Hass auf und konfrontiert den Leser mit den dunklen Seiten des Menschen.

> »Das ist der menschliche Makel«, sagte [Faunia], [...] »Die Berührung durch uns Menschen hinterlässt einen Makel, ein Zeichen, einen Abdruck. Unreinheit, Grausamkeit, Missbrauch, Irrtum, Ausscheidung, Samen – der Makel ist untrennbar mit dem Dasein verbunden.«[26]

---

21 Roth, 242.
22 Roth, 284.
23 Vgl dazu Marion Schage. *Kriegstrauer deutsch*. Osnabrück: Erich Maria Remarque-Archiv, 1992.
24 Roth, 287.
25 Roth, 382.
26 Roth, 271f.

Am Schluss des Romans trifft der Ich-Erzähler Nathan Zuckerman Lester Farley auf einem einsamen See beim Eisfischen. Farley, den scheinbar Friedlichen, der zum Mörder geworden ist, weil er den Hass, den er im Krieg erlernt und aus Vietnam mitgebracht hat, nicht mehr ertragen konnte. Wie er Zuckerman erklärt:

> Hatte PTBS. Ich hatte, was man posttraumatische Belastungsstörung nennt. Das haben sie mir gesagt. Als ich zurück war, kam ich mit nichts klar, was hier ablief und irgendwie mit dem zivilisierten Leben zu tun hatte. Ich war so lange da drüben gewesen, es war der totale Wahnsinn. Saubere Kleider tragen, Leute, die hallo sagen, Leute, die lächeln, Leute, die zu Parties gehen, Leute, die Auto fahren – ich kam damit nicht mehr klar.[27]

PTBS – kein Phänomen von gestern, sondern immer da, wo Krieg ist. 2010 beschreibt Daniela Matijevic PTBS in ihrem erschütternden Buch über ihren Sanitätereinsatz im Kosovo so: »Ich schleppte mich von Tag zu Tag, ohne meine Umgebung wahrzunehmen. Ich lebte, ohne am Leben teilzuhaben, ich war da und doch nicht anwesend.«[28]

Und so sucht Farley die totale Einsamkeit, einen Ort der Reinigung, den stillen vereisten See, von dem er sagt:

> Das Wasser kommt von unten hoch, es wird also ständig erneuert. Es reinigt sich selbst. [...] Dieser Ort hat alles, was man braucht. Und alles ist von Gott gemacht. Kein Mensch hat irgendetwas damit zu tun. Darum ist es hier so sauber, und darum komme ich her. Wenn irgendein Mensch was damit zu tun hat, dann halt dich lieber fern.[29]

Da sitzt er im kalten, endlosen Weiß des Eises, einsam, verlassen, der zerstörte Mensch: Einer, der andere Menschen nicht mehr ertragen kann, weil das, was er im Krieg getan und was man ihm angetan hat, ihn unfähig gemacht hat, in Gemeinschaft zu überleben. Einer, der zur Einsamkeit verdammt ist.

Und so lässt Philip Roth den Roman enden mit einer Täuschung, die diese Zerstörung entlarvt:

27 Roth, 392.
28 Daniela Matijevic. *Mit der Hölle hätte ich leben können*. München: dtv, 2010, 191.
29 Roth, 398f.

Auf dem eisigen Weiß des Sees war ein winziger Punkt, und dieser Punkt war ein Mensch, der einzige Hinweis auf die Anwesenheit eines Menschen in dieser ganzen weiten Natur, wie das X eines Analphabeten auf einem Blatt Papier. [...]
Gegen Ende unseres Jahrhunderts bietet einem das Leben nur selten einen so unschuldigen, friedlichen Anblick wie diesen:
Auf einem idyllischen Berg in Amerika sitzt ein Mann auf einem Eimer und fischt durch ein Loch im fünfundvierzig Zentimeter dicken Eis in einem See, dessen Wasser ständig erneuert und gereinigt wird.[30]

Philip Roth beschreibt die völlige Zerstörung eines Menschen, ohne irgendeine Lösung anzubieten. Er klagt an und lässt den Leser allein vor der offenen Frage. Er schreibt: »Die Regierung der Vereinigten Staaten hat [Farley] zum Killer ausgebildet.« Und er fährt fort: »Und er hat seinen Job erledigt. Er hat getan, was man ihm aufgetragen hat.«[31]
Wer sich auf Krieg einlässt, schließt einen Pakt mit dem Teufel, jenem Mephisto in Goethes *Faust*-Drama, der scheinbar so verschlagen, gewandt und leichtfüßig daher kommt, tatsächlich aber jenen äußersten Missbrauch von Phantasie und Humanität verkörpert, der Werk jedes Krieges ist:

Ich bin der Geist, der stets verneint!
Und das mit Recht; denn alles, was entsteht,
ist wert, dass es zu Grunde geht;
drum besser wär's, dass nichts entstünde.
So ist denn alles, was ihr Sünde,
Zerstörung, kurz, das Böse nennt,
mein eigentliches Element.

30 Roth, 399.
31 Roth, 84.

Joe Enochs

Gewalt im Sport

Seit knapp 17 Jahren bin ich als gebürtiger Amerikaner hier in Deutschland. Bevor ich nach Deutschland gekommen bin, habe ich vier Jahre lang an der Universität in Sacramento Kriminologie studiert. Eins meiner Hauptfächer während des Studiums war »Terrorismus«. Dort wurden wir über verschiedene Terrorgruppen und ihre Vorgehensweisen informiert. Im Jahr 1993 war dies allerdings nicht so eine konkrete Gefahr wie heute.

Vor und während meines Studiums war ich immer aktiver Fußballer, und als sich die Gelegenheit bot, in Deutschland Fußball zu spielen, unterbrach ich mein Studium im Sommer 1993 und kam nach Hamburg.

Nachdem ich einen Vertrag bei St. Pauli unterzeichnete, war eines der ersten Spiele, die ich im Stadion am Millerntor besuchte, FC St. Pauli gegen Hansa Rostock in der 2. Bundesliga. Als ich ins Stadion kam, waren schon 1.000 Polizisten in voller Montur dort. Es war mir nicht bewusst, dass dieses Fußballspiel zu einer der brisantesten Begegnungen im Fußball gehörte. Die eher rechts orientierte Rostocker Fangemeinde traf auf das sehr links orientierte St. Pauli-Publikum. Nach dem Spiel sind die Rostocker Fans in ihrem Fanblock gehalten worden, während die St. Pauli-Fans das Stadion verlassen haben. Als der Fanblock der Rostocker geöffnet wurde, befand ich mich bereits mit vielen anderen Fußballanhängern vor dem Stadion. Im nächsten Moment entwickelten sich kriegsähnliche Zustände. Rostocker stürmten aus dem Stadion und stürzten sich mit roher Gewalt auf alle Personen die als St. Pauli-Fans auszumachen waren. Die Situation eskalierte innerhalb weniger Minuten. Diese Eindrücke werde ich nie vergessen und kann bis heute nicht verstehen, wie solche Situationen zustande kommen können.

In einer heilen Welt kommen Menschen ins Stadion um ihren Verein Fußball spielen zu sehen. Siegt der Verein, ist die Freude groß, verliert der Verein geht man enttäuscht nach Hause und freut sich auf die nächste Begegnung. Das funktioniert auch, wie man täglich immer wieder erleben darf, gerade hier in Osnabrück. Es ist aber auffällig, dass immer nur spezielle Begegnungen die Stimmung aufheizen.

Randgruppen benutzen Fußballspiele als Plattform für ihre Aggressivitäten. Diese Art von Gewalt ist in kaum einer anderen Sportart so präsent wie beim Fußball. In meinem Heimatland, gehen die Fans beider Mannschaften durch dieselben Eingänge und sitzen in denselben Blöcken. Es scheint ein Phänomen des Fußballs zu sein, dass hier derart gewaltbereiten Gruppen aufeinandertreffen. In Brasilien, der Türkei, Italien, Polen, Holland, England – in all diesen Fußballnationen ist Gewalt bei den Spielen vorprogrammiert. Einige Gruppierungen gehen gezielt in Stadien, um dort ihre Gewaltphantasien ausleben zu können, und treffen dort in jedem Fall auf Gleichgesinnte, die die ganze Woche darauf warten, sich am Wochenende prügeln zu können.

Man liest immer wieder Schlagzeilen in der Zeitung von Spielern anderer Hautfarbe in Italien, die stets beleidigt werden, oder von Nationalspielern, die nach einer nicht erfolgreich verlaufenden Weltmeisterschaft in ihrem Heimatland erschossen wurden. Es gab einen Vorfall im Vorfeld der Weltmeisterschaft 2010, wo die togolesische Nationalmannschaft bei der Anreise zu einem Spiel des Afrika-Cups angegriffen wurde. Im Vorfeld der Weltmeisterschaft in Südafrika war die große Sorge um die Sicherheit alle Besucher und Teilnehmer ein Hauptthema. Es stellte sich doch heraus dass die Sorgen unbegründet waren. Ebenso wie die Weltmeisterschaft in Deutschland 2006 wurde die WM in Südafrika 2010 zu einem großen Volksfest ohne nennenswerten Vorfälle.

In meiner Laufbahn als Spieler habe ich oft Spiele erlebt, wo Spieler gezielt beschimpft, bespuckt und beleidigt wurden sind. Diese Aktionen sind einfach respektlos und sind nicht nur der Ausdruck eines negativen Spielergebnisses. Zum Glück kann ich über Situationen zum Thema »Krieg beginnt in den Köpfen« nur ganz wenig berichten. Als Fussballer ist man sich meistens bewusst, in welcher Vorbildfunktion man sich befindet, und handelt auch entsprechend. Während des Spiels aber, in Situationen wie zum Beispiel bei einer Fehlentscheidung des Schiedsrichters oder bei groben Fouls, kann die Stimmung auf dem Spielfeld überspringen auf das Publikum.

LIOBA MEYER

Schülerarbeiten zur Tagung
»Krieg beginnt in den Köpfen«

Jugendliche und Kinder zu dem Thema »Krieg beginnt in den Köpfen« zu Wort kommen zu lassen, war ein wichtiges Anliegen der Tagung. Ihr Bewusstsein von einer Welt der Zukunft wird geprägt durch vielerlei Eindrücke und Einflüsse, die durch Erziehung und Erfahrung an sie weitergegeben werden.

Erich Maria Remarque leitet seinen weltberühmten Antikriegsroman *Im Westen nichts Neues* mit folgenden Worten ein, die Anlass für Schülerinnen und Schüler einer 9. Klasse der Erich-Maria-Remarque-Realschule in Osnabrück waren, Texte zu dem Thema zu schreiben: »Dieses Buch soll weder Anklage noch Bekenntnis sein. Es soll nur den Versuch machen, über eine Generation zu berichten, die vom Krieg zerstört wurde – auch wenn sie den Granaten entkam.«

In Auseinandersetzung mit Remarques Roman sind in einer Schreibwerkstatt nachdenkliche Texte entstanden, die die ernsthafte Auseinandersetzung mit dem Thema Krieg und seiner Zerstörungswut spiegeln. »Wir möchten Krieg und Frieden als Schwarz und Weiß darstellen«, schreiben die Schülerinnen und Schüler der 9. Klasse in der Einleitung zu ihren Arbeiten. »Kriegsgedanken kann man nur in Schwarz und Weiß trennen, in richtig und falsch. Im Krieg gibt es nur wenig zwischen den beiden Seiten.«

An der Schreibwerkstatt beteiligten sich drei Osnabrücker Schulen mit Kindern und Jugendlichen verschiedener Altersstufen: Die Gesamtschule Schinkel mit einer 8. Klasse, die Grundschule Rosenplatzschule mit einer 4. Klasse und die Erich-Maria-Remarque-Realschule mit einer 8. und einer 9. Klasse. In Gedichten und Prosatexten versuchen sie ihre Gedanken darüber, wie Kriege entstehen können, in Worte zu fassen. So stellt ein Mädchen fest: »Der Friede beginnt im Kopf. Alle Menschen haben Frieden verdient.« Aber dann fährt sie fort: »Doch manche Menschen tragen sehr viel Hass in sich«, und formuliert damit eine Erfahrung, die bereits Kinder machen.

Und dass Kinder in einer Welt aufwachsen, von deren Schuld und Unfähigkeit, Konflikte friedlich zu lösen, sie durchaus wissen, liest sich in einem der Texte so: »Es gibt bestimmt eine bessere Lösung für die Menschheit, Konflikte aus der Welt zu schaffen, ohne sich und andere zu verletzen.«

Fast alle Texte zeigen aber auch Hoffnung auf eine bessere Zukunft, eine Welt, der es gelingt, Frieden für die Menschen zu garantieren: »Aber meist ist das Letzte, das stirbt, die Hoffnung. Frieden ist für jemanden, der Traumen erlitten hat, schwer zu finden, aber niemand sollte die Suche aufgeben.«

Schließlich ist es die eigene Erfahrung mit Konflikten, die aus der Mahnung eines Mädchens spricht: »Der Friede ist das Wertvollste; jeder kann den Kampf in sich selbst besiegen und etwas dagegen tun.«

Die Texte spiegeln die Sehnsucht nach einer Welt in Frieden. Sie stellen aber auch die Frage nach der Verantwortung jedes Menschen.

Diese Frage ist eine der Grundfragen aller Zeiten: die Frage nach den konkurrierenden Kräften in uns selbst: wie werden wir uns entscheiden? Davon hängt, so sehen es die Schülerinnen und Schüler, die diese Texte geschrieben haben, die Zukunft unserer Gesellschaft ab. Von der Fähigkeit, eine Warnung zu verstehen, wie sie Erich Maria Remarque seinem Roman *Der schwarze Obelisk* voranstellt:

Der Friede der Welt! Nie ist mehr darüber geredet und nie weniger dafür getan worden als in unserer Zeit; nie hat es mehr falsche Propheten gegeben, nie mehr Lügen, nie mehr Tod, nie mehr Zerstörung und nie mehr Tränen als in unserem Jahrhundert, dem zwanzigsten, dem des Fortschritts, der Technik, der Zivilisation, der Massenkultur und des Massenmordens.

138

1.
Schüler von der Erich-Maria-Remarque-Realschule aus der 9. Klasse tragen die Ergebnisse zu unserer Arbeit »Krieg in den Köpfen vor«.

In der letzten Zeit haben wir uns mit dem Thema Krieg beschäftigt. Dazu haben wir auch das Buch »Im Westen nichts Neues« von Erich Maria REmarque gelesen.

2.
Er versucht mit dem Buch, die Erlebnisse aus dem 1. Weltkrieg leserlich festzuhalten und die Blockade in den Köpfen der Soldaten aus dem 1. Weltkrieg zu brechen.

3.
Was möchte Remarque mit dem Buch sagen?

Sein Buch soll weder eine Anklage noch ein Bekenntnis sein. Es soll nur den Versuch machen, über eine Generation zu berichten, die vom Kriege zerstört wurde – auch wenn sie seinen Granaten entkam.

4.
Wir möchten Krieg und Frieden als schwarz und weiß darstellen. Genauso, wie man sich als gut und die Gegner als die Bösen empfindet. Kriegsgedanken kann man nur in Schwarz und Weiß trennen, in richtig un dfalsch, im Krieg gibt es nur wenig zwischen den beiden Seiten.

Klasse 9c, EMR-Realschule.

Schülerarbeiten

Erich Maria Remarque – Im Westen nichts Neues

Wir haben unsere Gedanken zum Thema in einem Gedicht verfasst. Dieses Gedicht ist geschrieben von Sandra Lischewski und Dafina Avdijaj.

In meinem Kopf ist es *Rot, Schwarz, Weiß* die Farben des Krieges.

Rot
Das Blut
Meine Seele weint
Die Farbe des Todes
Angst

Schwarz
Leere Dunkelheit
Die bedrückende Todesstille
Diese Schreie, dieser Anblick
Krieg?

Weiß
Der Krieg
Hörst Du es?
Tränen, schwer, zugeschnürtes Gefühl
Frieden?

Unsere 3 Strophen sollen den Zustand und die Gefühle beim Lesen der Lektüre darstellen. Remarque hat das schwere Leben durch den Krieg sehr gut geschildert.

Frieden

Jeder Mensch will Frieden haben,
niemand möchte Krieg,
denn im Krieg sterben Menschen.
Im Frieden kann jeder ohne Angst
leben, es gibt keinen Streit.
Das ist für mich Frieden.

Jennifer Beste

Gedruckt von der Klasse 8a der E.-M.-Remarque-Realschule
am 3. November 2010

Ein Text über Frieden

Der Frieden beginnt im Kopf.
Alle Menschen haben Frieden verdient.
Doch manche Menschen tragen
sehr viel Hass in sich und können
diesen nicht gut verarbeiten.
Oft beginnt Krieg wegen Geld,
Macht oder Anerkennung.
Viele Menschen kommen im Krieg um.

Sie sind meistens gegangen, obwohl
sie gar nichts mit dem Streit
zu tun hatten.

Es gibt bestimmt eine bessere
Lösung für die Menschheit, Konflikte
aus der Welt zu schaffen, ohne
sich und andere zu verletzen!
Wir müssen nicht andere im
Krieg besiegen... Wir müssen
den Krieg an sich besiegen
um den Frieden zu erhalten!

Angelina Apel
8a

Friedenstext
über Krieg und Frieden

Viele Kriege gab es in Osnabrück und Land,
sogar den Synagogenbrand.
Er war hier, Hitler war da, er war im
1. Weltkrieg, na klar.
1933 war es für Hitler vollbracht,
denn er kam endlich an Deutschlands Macht.
1939: Es ist lang her, da war Hitler Führer
des Deutschen Heer!
1945: Der Krieg ist vorbei, endlich lebt die
Welt sorgenfrei. Der Führer ist tot, der Krieg
ist zu End', endlich gibt es seit Jahren ein
Happy End.
Seit 1945 gab es noch viel mehr, dazu gehört
auch die DDR.
Ihr Ende war besiegelt in den 90er Jahren;
durch den Mauerfall konnten alle wieder
überall hinfahren.
Heute gibt es doch in Afghanistan und im Irak
immer noch Krieg, daran ist Schuld!
Usama bin Laden dieser Freak. Dort haben
es die Leute schwer, trotz der Uno und der
Bundeswehr.
Der Krieg ist kein Augenschmaus, deshalb schrei
ich es hinaus: Nazis geht aus Deutschland raus!

Sebastian Grüner 8a

Frieden

Es herrscht manchmal
Stille im Land in dem Krieg
herscht, doch bald werden
die Waffen wieder geladen
und das Gemetzel beginnt von
Neuem.
Ich wünsche mir, dass Frieden werde,
doch so einfach ist das nicht.
Es geht um Gewalt und Rechte.
Wenn ich nach rechts sehe,
dann sehe ich eine Person,
der Hilflose ermordet und links
sehe ich, wie ein Mann eine Frau
umbringt auf grauenhafte Weise.

Ich liege im Gras und träume
von einer besseren Welt, mit
friedlichen Absichten und ohne
Schlachtfelder

Niklas Hehemann
8a

Ein Text über Frieden

Der Frieden ist das Wertvollste;
jeder kann den Kampf in sich selbst
meist besiegen und etwas dagegen tun.
Doch wenn ein Kampf zwischen Menschen aus der Kontrolle gerät, gibt es
viel Unglück und meist auch viele Tote.
Aber meistens ist das Letzte, das
stirbt, die Hoffnung.
Frieden ist für jemanden, der Traumen
erlitten hat, schwer zu finden, aber
niemand sollte die Suche aufgeben.

Ayla Kamali Kl. 8a

Was bedeutet Frieden?

Frieden ist Harmonie, jeder versteht den Anderen und respektiert ihn.

Krieg ist kompliziert; es ist leicht ihn zu beginnen, aber schwer damit wieder aufzuhören. Meistens ist nur eine Meinungsverschiedenheit der Grund für einen Krieg, in dem viele Menschen Schreckliches erleiden müssen und viele sterben.

Frieden ist für uns Deutsche mittlerweile normal. Wir haben Meinungsfreiheit und die Politiker verhandeln vor großen Entscheidungen.

Leider gibt es die Einen oder die Anderen, die den Krieg herbei wünschen, weil ihnen etwas nicht passt. Ein Beispiel sind die Neo-Nazis, die es in Deutschland noch gibt.

Viele kämpfen dagegen an. Doch bei uns löst es keinen Krieg aus, meistens wohl eher Proteste, in denen die Menschen ihre Meinung vertreten.

27.09.10
Stefanie Jettenborn
EMR - 8a

Frieden

Mit Frieden wird meistens der Zustand
zwischen Menschen und Ländern oder
Staaten bezeichnet. Frieden ist
lebenswichtig. Er ist dafür da, dass niemand
in Angst leben muss. Frieden kann nicht
immer vorhanden sein, denn irgendwann
wird es immer einen Streit geben, wir
müssen also dafür kämpfen.

Adrian Ziemann

8a

Beiträger und Herausgeber dieses Bandes

WOLFGANG BENZ, Prof. Dr.; geb. 1941. Professor an der Technischen Universität Berlin und Leiter des Zentrums für Antisemitismusforschung, 1992 Geschwister-Scholl-Preis. Mitherausgeber der *Zeitschrift für Geschichtswissenschaft*; Gastprofessuren in Australien, Mexiko, Bolivien, Belfast und Wien; zahlreiche Veröffentlichungen zur deutschen Geschichte im 20. Jahrhundert.

CARL-HEINRICH BÖSLING, Dr. rer. pol.; Direktor der Volkshochschule Osnabrück und Fachbereichsleiter »Gesellschaft und Politik«.

JOE ENOCHS; Ehemaliger US-amerikanischer Fußballspieler, ehemaliger Spieler beim VfL Osnabrück, Trainer der U23 des VfL.

BARBARA HLALI; Medienkünstlerin, geb. 1979; studierte Freie Kunst an der Kunstakademie Münster. Ihre mehrfach ausgezeichneten Arbeiten zeigte sie auf zahlreichen Ausstellungen und Filmfestivals im In- und Ausland.

HARTMUT HOEFER, Dr. phil.; ehemaliger Dozent für Germanistik und Literaturwissenschaft an der Universität Osnabrück.

CHRISTOPH KLEEMANN; Pfarrer, erster Oberbürgermeister Rostocks nach dem Zusammenbruch der DDR, ehemaliger Leiter der Außenstelle Rostock der Stasi-Unterlagen-Behörde (BStU).

STEFAN LÜDDEMANN, Dr. phil.; Leiter der Kulturredaktion der *Neuen Osnabrücker Zeitung*, Kulturwissenschaftler, Autor, Dozent.

LIOBA MEYER; Lehrerin, ehemalige Bürgermeisterin der Stadt Osnabrück und ehemals Vorsitzende der Erich Maria Remarque-Gesellschaft.

REINHOLD MOKROSCH, Prof. Dr.; 1984–2005 Professor für Evangelische Theologie an der Universität Osnabrück, 1997–2006 Vorsitzender der Osnabrücker Friedensgespräche, Gastprofessuren in Indien und Estland.

HEINRICH PLACKE, Dr. phil.; Germanist, Promotion über Romane Remarques und Veröffentlichungen zu Remarques Themen, Vorstandsmitglied der Erich Maria Remarque-Gesellschaft.

ANGELIKA SCHLÖßER; Fachbereichsleiterin »Kulturelle Bildung« an der Volkshochschule Osnabrück.

WOLFGANG SCHLOTT, Prof. Dr.; geb. 1941, Professor an der Universität Bremen, Forschungsstelle Osteuropa; Präsident des Exil-P.E.N.

THOMAS F. SCHNEIDER, Dr. phil. habil.; Leiter des Erich Maria Remarque-Friedenszentrums und Dozent für Literaturwissenschaft an der Universität Osnabrück.

TODOR (TOSCHO) TODOROVIC; geb. in Lingen/Ems als Kind jugoslawischer Emigranten (Vater aus Makedonien, Mutter Bosnierin). Sänger, Gitarrist und Bandleader der international renommierten Blues Company; Träger der Bürgermedaille der Stadt Osnabrück.

TILMAN WESTPHALEN, Prof. Dr.; geb. 1935, Professor für Anglistik und Literaturwissenschaft an der Universität Osnabrück (1974–2000), Gründer der Erich Maria Remarque-Gesellschaft 1986 und des Erich Maria Remarque-Friedenszentrums 1996 (Leiter bis 2000), Ehrenvorsitzender der Erich Maria Remarque-Gesellschaft (2008).